KB088644

늠름한 아시아

凛としたアジア

伊藤千尋 著

ⓒ 2019 Ito Chihiro
Korean Translation Copyright ⓒ 2023 by NARUMBOOKS
All rights reserved
This Korean edition published by arrangement with SHINNIHON-SHUPPANSHA.

이 책의 한국어판 저작권은 新日本出版社와 독점 계약한 나름북스에 있습니다.
저작권법에 의해 한국 내에서 보호를 받는 저작물이므로 무단 전재와 복제를 금합니다.

늠름한 아시아

작지만 강한 나라들

한국 베트남 필리핀 스리랑카

이토 치히로 지음 | 홍상현 옮김

나름북스

일러두기

본문의 주는 모두 옮긴이의 것입니다.

차례

Ⅲ장 미군기지도 원전도 없앴다 - 필리핀

한국의 독자 여러분께

일본에는 노래를 통한 사회변혁을 지향하는 '노랫소리 운동'이라는 게 있다. 제2차 세계대전 직후 민중에 의해 태어나 지금도 계속되고 있는 시민운동으로, 매년 일본 각지의 합창단이 모여 전국대회를 연다. 그런데 20년 전에 심사위원을 하다가 불만을 느꼈다. 어느 단체랄 것 없이 목소리가 좋고 화음도 아름다웠지만, 듣고 있어도 전혀 감동이 느껴지지 않아서였다. 그러다가 한국 합창단이 부르는 노래를 듣는 순간 영혼의 울림에 전율했다. 단 4명뿐인데 일본 합창단 40명보다 박진감이 넘쳤기 때문이다. '그래, 노래라는 게 원래 이래야지. 아무리 아름다워도 듣는 사람을 감동시키지 못하면 의미가 없잖아. 일본 노래에서 부족한 건 이거야'라고 생각했다.

이 책을 일본에서 출간한 것은 2019년으로, 일본의 정치가 급속히 우경화돼가던 무렵이다. 강권적인 정부가 헌법을 짓밟고 독재적인 정책을 추진하고 있었다. 시민들은 시위와 집회를 거듭했지만, 선거에서 야당이 엇박자를 내면서 집권당이 어부지리를 얻는 등 뭘 해도 소용없다는 체념이 시민들에게 확산되는 참이었다. 그 시기 시민운동에 활력을 불어넣자는 마음에서 쓴 것이 이 책이다. 어찌할 바를 모르는 일본 시민들에게 같은 아시아 민중의 열기를 전하고, 그것을 양식으로 삼아 분발해줬으면 하는 마음이었다.

실제로 책에서 언급되는 국가들에서는 시민들이 나서서 악정을 바꿨다. 한국에서는 민중의 파도가 군사정권을 무너뜨리고 민주화를 이뤘다. 베트남에서는 초강대국인 미국의 침략에 맞서 국민이 단결하여 세계 최대 군사강국을 상대로 당당히 승리를 거뒀다. 필리핀에서는 '피플파워'라 불리는 민중의 힘이 미군기지를 반환시켰을 뿐 아니라, 원전을 단 한 번도 사용하지 않고 폐로시킴으로써 예정된 대참사의 위기에서 국민을 구해냈다. 마지막에 등장하는 스리랑카는 남아시아 특유의 이색 문화와 자연으로 호기심을 자아낸다.

그 가운데 가장 큰 관심사로 다룬 나라가 한국이다. 처음 취재를 위해 한국을 찾은 것은 1988년 민주화 시대였다. 노태우 정권의 탄생에 반발하는 시민들의 열기를 광주와 서울에서 체감했다. 이후 한국을 찾을 때마다 강렬한 자극을 받았다. 한국 합창단 무대에서 느낀 박진감이 한국 사회의 모든 장면에서 느껴졌다. 오늘의 일본을 어떻게 해야 할지가 주제인 일본 강연회에 참가할 때마다 나는 입버릇처럼 "한국 시민의 행동을 본받자"라고 이야기한다.

이 책은 2019년 2월 출판됐으며, 이듬해 12월에 나름북스가 번역본을 출간한 『늠름한 소국』의 자매본이다. 번역은 이번에도 일본어에 능통하며 나와 같은 저널리스트인 홍상현 씨가 맡았다. 한국 독자들 입장에서는 내용의 부족함이나 취재의 아쉬움을 느낄 부분도 많겠지만, 부디 '해외에서는 이런 시선으로 우리를 보고 있구나'라고 너그러운 시각으로 읽어주시기를 간구한다.

2023년 3월 11일 도쿄에서

이토 치히로

머리말

세계를 알고자 할 때 무심결에 미국이나 중국 등의 대국으로 시선이 향하기 쉽다. 그러나 규모가 너무 커서 충분히 파악하지 못하는 경우가 많다. 그렇다고 정보가 적은 낯선 나라로 눈을 돌리면 문화나 풍토의 다름에 당황하게 된다.

우리가 가장 이해하기 쉬운 곳은 멀리 있는 대국보다 가까이 있는 아시아다. 그것도 작은 나라. 소국이라고 깔봐선 안 된다. 우리가 안고 있는 문제를 훌륭하게 해결한 본보기도 있다. 우리가 알고 있어야 하는데 소홀히 해왔던 역사도 있다. 일본과 닮은 것 같지만 다른 점도 많다. 무엇보다 오늘을 사는 우리가 잃어버린 인간의 에너지와 사회 동력이 아시아의 작은 나라들에는 존재한다.

한국에서는 2016년 1,000만 명 규모의 시민운동인 '민중 총궐기'가 정권을 쓰러뜨렸다. 권력자가 측근의 편의를 도모한 일에 국민의 분노가 휘몰아친 것이다. 왜 이토록 커다란 풍랑을 뛰어넘는 발전을 이뤘을까? 한국의 역사를 살펴보면 이해할 수 있다. 특히 한국이 군사정권으로부터 민주화한 1988년 2월이 열쇠다. 당시 나는 취재 때문에 한국에 가 있었다. 그곳에서 전개된 민주주의를 요구하는 에너지가 현재까지 어려울 때마다 분출하는 것을 실감한다.

세계에는 '베트남전쟁 세대'가 있다. 1968년을 중심으로 세계에서 끓어오른 베트남 반전운동을 주도한 세대다. 나도 그 한 사람으로서 초대국의 군사 침공에 과감하게 저항한 베트남 사람들에게 공감했다. 그러나 단지 공감만으로 충분할까? 그들의 투쟁으로부터 배울 만한 것은 없을까? 전쟁 당시에는 몰랐던 것이라도 현재 시점에서는 알아볼 수 있다. 그래서 베트남으로 향했다.

오늘날 일본 사회가 안고 있는 문제의 중심에 원자력발전소와 미군기지 문제가 있다. 후쿠시마 원전 사고가 아직 수습되지 않았음에도 일본 정부는 전국의 원전을 가동하려 한다. 나아가 세계에 원전을 수출하려 한다. 뭔가 이상하지 않은가? 또 세계의 미군기지가 크게 줄어들고 있는데, 일본에서는 거의 변화가 없다. 태평양전쟁 종전 이후 70년 이상 지났지만, 아직도 일본 정부는 미국에 종속된 정책 방향을 취하고 있다.

이와 관련해서는 필리핀이 모범이라 할만하다. 이 나라는 원전을 만들고도 한 번도 사용하지 않고 폐로해 버렸다. 미 해군과 공군 기지를 국민적인 운동을 통해 반환시켰다. 어떻게 이런 일들이 가능했는지 알아보면, 일본 미군기지의 장래, 아울러 일본이 자립할 길도 보일 것이다. 그래서 필리핀으로 날아갔다.

이상의 세 나라들과 달리 취재 의도가 명확하지 않았던 것이 스리랑카다. 홍차와 카레, 불교의 나라. 내전도 이미 끝나 평온한 나라가 됐을 텐데, 그런 곳에 가본들 의미 없지 않을까 하는 생각에 일단 사전 조사부터 진행했다.

그 과정에서 알게 된 건 이 나라가 일본 전후사에 깊이 관여되어 있다는 사실이었다. 일본이 전후 국제사회에 등장하는 계기가 된 샌프란시스코강화조약 당시 스리랑카 대표가 "미움에 사랑을"이라는 내용으로 연설했다. 이를 계기로 일본군에게 피해를 당한 나라들이 일본 배상 문제에 대한 태도를 바꿨다. 그러니 일본에게는 은인의 나라 아닌가? 결국 이러한 사정을 정확히 알고 싶어 스리랑카를 찾았다.

거기서 목도한 것이 바로 '늠름한 아시아'였다.

민중의 에너지
한국

*
제주의 상징 돌하르방 =2015년 3월, 제주도

민중 총궐기

좌우를 오가는 정권

한국만큼 정치 변화가 격렬한 나라도 드물다. 군사정권으로부터 민주화한 뒤 정권이 좌우를 큰 폭으로 오갔다. 군사정권 시절의 전두환 대통령은 재판에서 사형을 언도받았고(이후 특사로 풀려남), 좌파*의 노무현 대통령은 자살로 생을 마감했으며, 암살된 박정희 대통령의 딸인 박근혜 대통령은 국회에서 탄핵당했고, 다시 좌파의 문재인 대통령이 취임했다. 박근혜는 "선거의 여왕"이라 불릴 정도로 선

✎　외국에서는 '보수·진보'라는 한국의 진영 구분 용어를 사용하지 않는다.

거에서 연전연승하는 정치가였다. 그러다가 단 한 번의 대규모 시민행동에 의해 하야로 내몰렸다. 게다가 재판에까지 회부되어 2심에서 징역 25년 실형을 받게 된다.

대통령을 실각시킨 원동력은 민중의 거대한 물결이었다. 2016년 10월부터 수도 서울의 광화문광장에서 전개된 '민중 총궐기'가 그것이다. 매주 토요일 밤마다 항의집회에 모여든 인파는 첫 회인 10월 29일에 3만 명, 다음 주에는 30만 명, 3~4회에는 100만 명으로 늘어났다. 5회에는 150만 명, 12월의 6회에는 170만 명, 그리고 전국적으로는 232만 명에 달했다. 집회가 이렇게까지 확대되자 국회는 대통령을 탄핵하고, 헌법재판소는 탄핵의 타당성을 인정하기에 이른다.

박근혜는 무슨 짓을 했을까? 그는 2014년 여객선 세월호가 침몰해 수학여행을 가던 고등학생 등 300명이 넘는 사망자와 실종자를 낸 사건에 제대로 대응하지 않았다. 또 친구에게 국가 기밀을 흘려 부정한 이익을 얻게 했다.

하지만 일본의 정치가도 똑같은 일을 해왔다. 후쿠시마 원전 사고가 해결되지도 않았는데, 정부는 다른 원전을 재가동했다. 아베 총리는 친구인 학원 경영자의 편의를 도모해 국회에서 문제가 됐지만, 여전히 자리를 보전하고 있다.* 일본에서는 당당히 부정이 횡행하는데, 한국 여론은 이를 용납하지 않는다. 무엇이 다른 걸까? 일본의 시위는 고작해야 10만 명 규모인데, 왜 한국에서는 국민의 분노가 100만 명 규모의 거대한 행동으로 발전할 수 있을까?

한국을 대표하는 지식인이자 한양대학교 교수, 저널리스트였던 고故 리영희 선생에게 "일본인은 활력이 없는데, 왜 한국인은 이렇게 에너지가 넘칠까요?"라고 소박한 질문을 드린 적이 있다. 선생은 말이 끝나자마자 다음과 같이 단언했다. "당연하지요. 한국인은 그 엄혹한 군사정권 시절에도 시민들이 피 흘리며 싸워서 스스로 민주주의를 획득했습니다. 그래서 우리에게는 자신감이 있어요. 일본 역사에서 시민이 자신의 힘으로 정권을 획득한 일이 한 번이라도 있었나요?"

시민이 스스로 정권을 뒤엎고 시민 본위의 정권을 만들어낸다. 한국 사람들은 이를 실행했다. 그러니까 한국의 에너지가 가진 비밀을 알기 위해서는 당시의 일을 알아보

☞　이 책이 출판된 것은 아베 정권 시절이다.

면 된다. 그 원점이 되는 광경을 나는 현지에서 목격했다. 1988년 2월 한국이 군사정권으로부터 민주화를 이뤄냈을 때였다. 당시 군인이었던 노태우가 민주정의당 총재로서 제13대 대통령에 취임했다. 선거에 의해 평화적으로 정권이 교체된 일은 한국 역사에서 이것이 처음이었다. 나는 한국 각지를 돌며 사람들의 움직임을 생생하게 지켜봤다.

저항의 문화

우선 한국을 뒤흔든 2016년 대집회의 열기부터 전해보자. 박근혜 대통령을 권력의 자리에서 끌어내린 '민중 총궐기'는 매주 정해진 요일에 모여 항의행동을 했다. 이는 1989년 베를린 장벽 붕괴 당시 동독 라이프치히의 월요시위와 비슷하다. 집회에 참여한 시민이 총 650만 명에 달했는데, 인하대학교 이경주 교수는 "1987년 민주화운동 때의 2배에 이르는 인원이 참가했다"라고 말했다.

최초로 시위를 호소한 것은 1994년 발족한 참여연대와 민주노조다. 이를 기점으로 다양한 시민단체가 합류해 약 1,500개 단체로 구성된 주관 단체인 '국민행동'으로 발전했다. 시위 당일에는 시청 앞 광화문광장에 무대가 세워졌다. 노래공연과 자유발언 등이 이어진 사전무대에서는 시민 모두가 자기 의견을 3분 동안 말할 수 있었다. 중고교생, 어머니, 시민 등 각계각층의 참여가 가능한 틀을 짜놓고 발언을 모았다.

노래공연에 등장한 유명 가수 양희은은 "아침이슬," "상록수," "행복의 나라로"를 불렀다. 세 곡 모두 박근혜의 아버지 박정희의 군사독재하에서 민주화를 요구하던 사람들이 즐겨 불러 정부가 금지한 저항가요다. 집회 참가자들도 이 노래들을 함께 불렀다.

밤 8시가 되자 촛불을 들고 시위대가 움직이기 시작했다. 사람들이 종이컵에 초를 끼워 들었다. 바람에 불이 꺼지지 않는 1,000원짜리 LED 라이트가 가판대에서 판매됐다. 세월호 사고 유족은 커다란 횃불을 들고 앞장서 걸었다. 여기저기서 자연스레 노래가 흘러나왔다. "하야, 하야, 하야!"라고 외치는 "하야 송"이다. 민요 "아리랑 목동"의 멜로디에 노랫말을 개사해 붙인 것이다. 작사가는 민중가요 작곡가 윤민석(본명 윤창환)이다. 그가 작사·작곡한 "이게 나라냐"는 분노의 외침 그 자체였고, 강한 임팩

트로 시민을 고무했다. 첫머리는 똑같이 "하야"지만, 강하게들 불러서인지 "하야"가 "하이야"로 들린다. "이게 나라냐? … 범죄자 천국 / 서민은 지옥 / 이제 더는 참을 수 없다! … 박근혜는 당장 하야해라! … 박근혜를 하옥시켜라!"라는 내용으로 대통령의 즉시 퇴진을 압박했다.

다음으로 시위 인파로부터 터져 나온 것은 "민중의 노래"다. 뮤지컬 〈레미제라블〉에서 혁명의 노래로 불렸다. 마치 프랑스혁명의 한복판에 있는 것 같았다. 광화문광장 계단에서는 음악대학 학생 150명이 오케스트라로 이 멜로디를 연주했다. 주변 학생들은 박근혜 정권하에서 민주주의가 죽었다고 외치며 검은 깃발을 흔들었다. 광장에 텐트를 치고 눌러앉아 목청을 높이는 가수도 있었다. 일본 전국 순회공연도 했던 "삶·뜻·소리"의 리더 손병휘다.

2008년 미국산 소고기 수입 반대 시위 때도 같은 규모의 시민행동이 일어났다. 촛불을 손에 든 시민들이 노래를 부르며 시위했다. 이때 불린 것이 "대한민국헌법 제1조"라는 노래다. "대한민국은 민주공화국이다. 대한민국의 주권은 국민에게 있고, 모든 권력은 국민으로부터 나온다"라는 조문에 멜로디를 붙인 국민적인 저항가요다. 이경주 교수는

"이번에는 그때와 비교되지 않을 만큼 사람들의 물결이 거대해졌고, 노래를 통한 저항 또한 문화로서 정착됐다"라고 말했다.

저주의 불길

2017년 문재인 대통령 취임 당시 한국에서는 1980년부터 민주화까지의 시기를 그린 영화가 줄지어 개봉했다. 1980년 군부가 시민을 학살한 광주민주화운동이 배경인 〈택시운전사〉는 현장에 들어간 독일인 기자를 도운 택시운전사의 이야기다. 민주화 투쟁을 뒷받침해온 사람들이 주인공으로 등장하는 〈1987〉은 한국이 군사정권에서 민주주의로 이행하기 한 해 전의 민주화 투쟁을 다룬다. 두 편 모두 실화에 근거해 만들어진 작품이다. 이 영화들에서 묘사된 것은 지금으로부터 30~40년 전의 세계다. 혹자는 그것이 왜 지금에 와서 영화화됐는지 궁금해할지 모르지만, 답은 명확하다. 당시는 물론 그 이후에도 이런 영화를 만든다는 게 정치적으로 쉽지 않기 때문이다. 모든 미디어가 군사정권의 검열을 받았고, 사실을 알고자 하는 한국 저널리스트들은 취재조차 할 수 없었다. 그래서 국민은 자기 나라에 무슨 일이 일어나고 있는지 정확히 알지 못했다. 그것이 지금 격류처럼 분출하고 있었다.

광주민주화운동이란 무엇일까? 한반도 남부 광주에서 1980년 5월 군부에 의한 시민 대학살 사건이 일어났다. 당시에는 "광주 사태"라고 지칭됐다. 전두환, 노태우 등이 일으킨 쿠데타에 항의하는 시위를 군이 무력으로 탄압하면서 시민에게 실탄을 발사했다. 이에 저항하던 시민들은 무장한 채 전남도청을 점거했다. 군은 일대에 있던 시민들을 무차별적으로 총살하고 구타했다. 그러나 군이 몰래 사체를 옮기는 바람에 희생자 수는 지금도 정확히 파악되지 않는다. 사망자와 실종자는 현재 확인된 수만 224명이고, 부상자는 3,000명을 넘는다.

1980년 광주에서 도대체 무슨 일이 일어난 걸까? 내가 당시 상황의 엄중함을 알게 된 것은 앞에서 "원점이 되는 광경"이라 언급한 모습을 목도한 1988년이다. 당시에도 한국 기자들은 사실을 전할 수 없었다. 내가 취재차 현지로 향한 것은 전두환 정권이 물러나고 군인이었던 노태우가 대통령으로 취임한 2월이었다. 광주를 찾았을 무렵 정부는 광주민주화운동을 "북한의 선동에 의한 폭동"이라 규정짓고, 사망자 수가 군인 포함 총 191명이라고 발표했다. 학살이 일어난 도청 정문에는 흔적 하나 없이 노란색, 빨간색, 파란색이 섞인 태극 문양 엠블럼과 함께 "88올림픽까지 앞으로 ○일"이라 적힌 서울올림픽 간판이 걸려 있을 뿐이었다. 노태우가 수도 서울에서 대통령 취임을 선언했을 때 나는 전남대학교 학생회관 앞에 있었다. 게시판에 가득 붙은 15장의 대자보 앞에 학생들이 모였다. 그중 한 대자보에는 붉은색과 검은색 매직펜으로 다음과 같은 내용이 적혀 있었다.

"노태우의 취임식을 노태우의 장례식으로 만들자. 학살자 노태우에게 환영의 꽃다발이 아닌 저주의 불길을, 축하의 박수가 아닌 증오의 돌멩이를 안기자."

다른 대자보에도 새 정권을 단죄하는 격한 어조의 글이 가득했다. "한 사람을 죽이면 살인자, 수많은 사람을 죽이면 위대한 보통사람"이라는 구절은 채플린의 영화 〈살인광 시대〉에서 따온 것이리라. "보통사람"은 당시 "저는 보통사람"이라고 굳이 언급하던 노태우를 비꼬는 표현이었다. 그밖에 저항행동을 제안하는 대자보도 있었다. "오후 3

시 도청 앞 노태우 집권 분쇄 투쟁대회. 민중의 살길을 막는 노태우를 처단하자"라는 내용이었다. 나는 거기 적힌 대로 오후 3시에 맞춰 도청으로 향했다.

전투경찰

도청 앞 금남로 양쪽에는 카키색 제복에 "참을 인忍"자가 새겨진 방패를 든 전투경찰, 즉 기동대가 진을 치고 있었다. 헬멧을 쓰고 곤봉을 든 사복경찰들도 보였다. 흰색 헬멧이 해골을 연상시킨다고 해서 백골단이라 불리는 전투경찰 부대였다. 학생과 경찰의 대치가 이어지다가 전투경찰 부대가 멀리서 최루탄을 발사하면 백골단은 학생들이 던지는 돌과 화염병을 가로질러 학생들을 쫓아 달려간다. 이를테면 돌격대다. 아울러 시민들에게는 공포와 원망의 대상이기도 하다. 그 밖에 사복경찰도 시민들 사이에 섞여 있어서 단지 백골단만 피한다고 안심할 수 있는 것도 아니다.

거리에 면한 7층 건물인 광주가톨릭센터 맨 위층 스피커에서 "노태우 집권을 막아내고 민주정권 수립하자"라는 구호가 큰 소리로 울렸다. 센터 앞에는 100여 명의 시민이 스크럼을 짜고 애국가를 부르고 있다. 이 대목이 일본과 다른 부분이다. 쿠데타를 일으킨 군인이 아니라 국민이야말로 이 나라의 진정한 주권자이며, 국가를 부를 권리가 있다는 의식이 엿보인다.

센터 창문에서 거리를 향해 유인물이 뿌려져 애국가를 부르는 이들의 머리 위로 떨어졌다. 유인물을 주워 보니 등사판 인쇄본으로 상태가 썩 좋진 않았는데, "광주학살 주범 노태우는 민중의 적. 부정한 집권을 저지하여 민중의 생존권을 쟁취하자. 승기는 민중에게 있다", "미국이 지지하는 노태우의 정권 찬탈을 규탄한다. 미국을 몰아내자" 등의 내용이 적혀 있다. 격렬한 문구다. 멀리서 이 부근을 에워싸고 있던 시민들이 점점 센터 쪽으로 다가왔다.

이때 갑자기 유인물을 읽던 눈이 따끔거리기 시작했다. 전투경찰이 최루탄을 발사한 것이다. 주머니에서 마스크를 꺼내 레몬즙을 짜 바른 뒤 입에 댔다. 호텔에서 나올 때 프런트 직원이 "최루가스에는 이게 즉효"라며 레몬 조각을 주었다. 레몬즙을 마스크에 묻히면 가스를 중화하는 작용을 한다고 한다.

방독 마스크를 쓴 전투경찰 2개 소대가 대열을 짜고 인파를 비집고 들어왔다. 주변 시민들은 떼를 지어 도망쳤다. 나도 시민들 사이에 섞여 달렸다. 붙잡히면 봉으로 머리를 얻어맞고 호송차에 실려 유치장에 보내지겠지. 고문을 당할지도 모른다. 외국인이고 취재 중이니 괜찮다고 생각할지 모르지만, 얼굴에 일본인이라 쓰여 있는 것도 아니잖은가. 말한다고 해도 믿어주지 않으면 그만이다. 게다가 'PRESS' 완장도 떼버린 지 오래다. 통역하던 학생이 "그런 완장 차고 계시면 도리어 위험해요"라고 충고했기 때문이다. 이 시절 언론은 정권과 밀착해 있던 까닭에 시민들이 기자들을 보면 화를 내곤 했다. 그런 이유로 시민들에게까지 폭행당할 우려가 있었다. 물론 경찰도 언론을 봐주지 않았다.

여하튼 도청뿐 아니라 도시 어디든 최루가스의 강렬하고도 자극적인 냄새가 자욱했다. 마스크로 입을 가려도 재채기가 멈추지 않았다. 당시 마찬가지로 군사정권하에 있던 칠레와 한국의 최루탄은 세계에서 가장 독성이 강했다. 젊은 여성이 마시면 아무리 건강한 사람이라도 아이를 낳을 수 없게 된다는 말이 있을 정도였다. 나는 한국 취재 1

년 전인 1987년까지 〈아사히신문〉의 중남미 특파원으로 칠레의 반군 정권 항의행동을 취재했던 터라 칠레의 최루가스도 맡아봤다. 한국의 최루가스와 특성이 같았다. 그러나 광주에서 사용되던 최루가스는 한국에서도 특별히 농도가 높았다. 시내 대학에서 최루탄이 터지면 차로 20분 거리의 도심에 있는 사람들조차 손수건으로 코와 입을 막고 다녀야 했다. 시위에 참가한 적 없는 여대생들조차 심각한 얼굴로 "유해한 가스를 마셔서 아이를 낳을 수 없을 것"이라고 말하곤 했다.

분출하는 한恨

시 외곽의 망월동 묘지에 가면 한구석에 광주민주화운동 희생자의 집단 묘역이 있다. "오월 광주의 아들 ○○열사의 묘"라고 새겨진 101개의 묘비가 줄지어 있다. 학생들과 시민들이 꽃다발을 들고 참배 중이다. 학생 10여 명이 누군가의 묘 앞에서 두 번 절을 올린 뒤 합창을 시작했다. 세상을 떠난 '동지'를 추모함과 더불어 '우리는 앞서서 나가리'라는 내용의 가사다. 죽음의 물결을 넘어 살아남은 이들이 민주화를 위해 목숨 바쳐 싸우자고 노래한다. 비장한 맹세의 노래다.

학생들 가운데는 일부러 서울에서 참배하러 온 이도 있었다. 일본 기자라고 내 소개를 하자 "전두환과 노태우는 광주민주화운동에 직접적인 책임이 있습니다. 두 사람은 이 세상에 살아 있을 자격이 없어요. 노태우의 대통령 취임은 어떤 정당성도 없으며, 도저히 용서할 수 없어요"라고 대학 3학년생인 22세의 젊은이가 말했다.

*
민주화운동을 하다 목숨을 잃은 열사의 묘 앞에 절하는 학생들
= 1988년 2월, 광주

곁에 있던 23세의 대학생에게 "노태우 대통령이 어떻게 하기를 바라느냐"고 묻자 "노태우에게 뭔가를 기대하는 게 이상합니다. 제가 바라는 건 노동자·농민에 의한 민중의 정부 수립이에요. 노태우가 무슨 짓을 하든 민중의 저항은 언제까지나 이어질 것이고, 우리는 반드시 승리할 겁니다"라고 답했다.

한국에서는 불합리한 처사에 울분을 느끼면서도 이를 해결할 수 없는 절망적인 상황에 놓였을 때 분노로부터 분출하는 감정을 '한'이라고 부른다. 열사의 묘는 바로 이 한의 결정체로 보였다. 메모하던 손이 고작 3분 만에 저려올 만큼 강한 찬 바람이 불어오는 가운데 이곳저곳에서 기도 소리와 곡소리가 끓어오른다. 국화 꽃다발 7개가 놓인 곳은 1987년 6월 머리에 최루탄을 맞고 사망해 전국적으로 민주화운동이 고조되는 계기가 된 연세대학교 학생 이한열의 묘였다. 영화 〈1987〉에도 등장하는 인물이다. 십자가가 새겨진 묘표에는 "성도, 열사전주이한열지묘聖徒烈士全州李韓烈之墓"라고 적혀 있다. 그러고 보니 그도 전라남도 출신이다. 1987년 그가 사망한 뒤 '민주 국민장'이 치러져 연세대를 출발한 장례 행렬이 서울을 떠나 광주에 있는 이 묘지까지 행진했다. 참가자는 서울 100만 명, 광주 50만 명 등 전국적으로 160만 명에 이르렀다. 이한열은 다음과 같은 시를 남겼다.

넓다란 광장 그 뜨거운 열기 아래
쩌라시가 뿌려지고
최루탄이 살포되고
파쇼타도를 외치다
청카바에 동행된다
미제를 학습하고 토론이 밤을 샌다
민주를 위하여 자주를 위하여
이 땅의 인간해방을 위하여
새벽 찬 이슬에 젊음을 삼킨다
(중략)
하늘 아래 들어서 우리 숲속에서
사랑을 느낀다
꽉찬 사랑을 느낀다
한 숟가락의 배부름과 더불어
아름다운 거목의 몸짓을 본다

다시 보고, 다시 숙고하고

새롭게 살아가는 너의 몸짓을

사랑한다, 산다

– 지명관,『한국 민주화로의 길』, 이와나미신서

이한열이 최루탄에 후두부를 맞은 건 1987년 6월 9일이다. 그는 중태에 빠진 상황에서도 필사적으로 살아보려 애썼으리라. 1개월 가까이 버텼지만, 결국 7월 5일 스무 살 생명이 스러졌다. 하지만 남겨진 사람들은 그의 죽음을 헛되이 하지 않았다. 그가 사경을 헤매던 6월 24일 수만 명의 학생이 연세대학교에 모여 '국민 평화 대행진'을 시작했다. 이것이 전국으로 퍼져나가 3일 뒤인 27일에는 130만 명으로 늘어났다. 7월 9일 거행된 국민장에는 전국에서 160만 명 이상이 참가했다. 그렇다. 2016년 '민중 총궐기' 배경에는 29년 전의 이와 같은 역사가 있는 것이다. 2004년에는 정부 배상금과 시민 모금을 더해 서울에 이한열 기념관을 세웠다. 2014년부터는 사립 박물관이 되어 그의 유품이 전시되고 있다.

쿠데타로 대통령이 된 전두환은 더는 정권을 지탱하지 못했다. 이에 여당이던 민주정의당의 대표위원 노태우가 대통령을 대신해 연내에 헌법을 개정하고 민주화를 실현하겠다고 선언했다. 그 날짜가 6월 29일이었기에 '6·29 선언'으로 이름 붙었다. 아울러 이 결과를 이뤄낸 민주화 투쟁을 가리켜 시민들은 '6월 항쟁'이라 부른다.

지역 차별

그런데 왜 광주에서 이런 학살이 일어났을까? 그것도 군대가 자국민을 살해한 비참한 사건 아닌가? 이유를 알아보다가 민주화를 둘러싼 대립이 아니라 지역차별 감정이 기저에 자리하고 있다는 사실을 알게 됐다.

군사정권 시절 권력을 장악한 것은 'TK 마피아'라 불리던 사람들이다. 대구의 'T'에 경상북도의 'K'를 붙여 지칭되는 지역 출신자들이라는 의미다. 박정희는 경상북도, 노태우는 대구 출신이다. TK 지역은 예산 배분에서 늘 우선적인 배려를 받으며 발전을 거듭했다. 이에 반해 김대중 등의 출신지인 전라도는 늘 뒤로 미뤄져 개발로부터 소외됐다. 광주는 전라남도의 중심지다. 경상북도는 삼국시대의 신라, 전라남도는 백제다. 이 두 지역이 대립하게 된 배경에는 1,500년에 걸친 역사가 있는 것이다.

시내에 민주화운동의 거점이 있다는 이야기를 듣고 찾아가 봤다. 외국 기자에게 그런 장소를 쉽게 알려주지 않을 거라고 예상했는데 용케 응해줬다. 전라도에서 일어난 시위에 쓰인 깃발과 현수막, 포스터는 모두 여기서 만들었다고 한다. 젊은 활동가가 이렇게 말했다.

"광주시 외곽에 있는 원자력발전소에서 사고가 자주 일어나다 보니 광주 시민은 허용치의 100배가 넘는 방사능에 노출되고 있습니다. 미국에 수탈당하고 인권을 억압받는 우리지만, 적어도 핵 오염만큼은 면할 수 있게 해주세요. 설령 민주화가 되지 않더라도 광주에서 신군부가 벌인 것과 같은 학살만은 멈춰주길 바랍니다."

이것이 광주 시민의 비통한 절규다. 후쿠시마 원전 사고를 기준으로 거슬러 올라가 보면, 23년 전인 1988년에 광주 시민은 이미 원전의 공포 속에서 살아가고 있었다.

광주 시민에게 의견을 듣기란 쉽지 않았다. 내가 신문기자임을 밝히면 하나같이 입을 다물었다. 자기 의견이 지면에 실린 뒤 가해질지 모르는 정부나 경찰의 보복이 두려워서가 아니라 애초부터 언론을 신뢰하지 않는 것이다. 광주민주화항쟁으로부터 8년이 지난 시점에도 마찬가지였다. 당시에는 한국의 모든 언론이 정부 측 선전만 한다는 뿌리 깊은 불만이 있었다. 가톨릭센터 현수막에도 "왜곡 보도, 편향 보도를 거부한다"라고 크게 적혀 있었다. 광주민주화항쟁으로 많은 시민이 학살당했을 때도 현지 TV와 신문은 제대로 보도하지 않았다. 그뿐만 아니라 시민과 학생을 '폭도'로 규정하고 정부가 이야기하는 대로 사실을 왜곡했다. 주변에서 항의 집회를 지켜보던 한 시민이 어렵게 운을 뗐다.

"우리 전라도 사람들에게는 지역감정으로 인한 피해의식이 있어요. 노태우 대통령의 취임은 바람직하지 않지만, 취임한 이상 민주화를 진전시켜주길 바랍니다."

항의 집회가 진행되던 도청 앞에서 가톨릭 서적을 파는 50세의 서점 주인은 이렇게 덧붙였다.

"노태우 정권은 부정 선거로 취임했기에 정통성이 없어요. 하지만 이왕 취임했으니 경제와 인사 면에서 지역 격차 해소를 위해 노력하고, 광주민주화항쟁의 진상 규명에 힘써주기를 바랍니다."

신문기자라고 하면 매섭게 노려보거나 입을 닫아버리는 사람이 태반이다. 자기 의견을 말해주는 사람도 이름이나 직업 등 신원을 밝히지 않았다. 기껏해야 나이 정도 가르쳐 줄 뿐이었다. 그런 가운데 정부를 비판하며 당당하게 신원을 알려준 사람이 있었다.

"노태우가 정말 대통령이라면 취임식이 전 국민의 축제가 되겠지만, 그는 지배계급의 대통령에 지나지 않아요. 국민, 적어도 저랑은 아무런 관계도 없죠. 그에게 아무것도 바라지 않습니다. 필요한 건 우리가 스스로 쟁취할 거니까요."

이제는 그의 이름을 이야기해도 될 것 같다. 모 대학 물리학과 4학년이던 29세의 강점일. 그로부터 이 발언을 들은 지 30년이 지났다. 이제 59세인 그는 문재인 정권을 어떤 마음으로 맞았을까?

저널리스트들의 투쟁

한겨레신문

영화 〈택시운전사〉는 광주에서 이상 사태가 일어났다는
소식에 도쿄에서 서울로 날아와 택시를 타고 현장으로 향
하는 실제 저널리스트의 모습을 그린다. 독일 공영방송연
합의 도쿄 특파원이었던 위르겐 힌츠페터다. 그의 목숨 건
활약이 없었다면, 광주의 진실이 생생한 영상으로 세계에
알려지지 못했을 것이다. 2003년 그는 한국의 한겨레신문
사와 재단이 주재하는 제2회 송건호 언론상을 받았다. 송
건호는 한겨레신문 사장의 이름이다. 이 신문이 창간되던
현장에서 나는 송건호 사장을 만났다. 광주에서 서울로 돌

아왔을 무렵이었다. 서울에서는 민주화 물결에 따라 새로운 신문이 속속 창간되고 있었다. 그리고 신문사 19개, 방송국 4개가 설립 신청을 해 놓은 상황이었다.

서울 중심가 부근 빌딩 벽에 "한겨레신문, 3월 창간"이라는 현수막이 내걸렸다. 한겨레란 '하나의 민족'이라는 의미다. 한국의 신문사는 재벌 같은 부유층이 자금을 내는 게 보통이지만, 이 신문사는 군사정권 시절 민주화를 외치다가 해직된 신문기자들이 모여 창간했다. 일찍이 동아일보가 정부 비판 기사를 싣자 정부는 광고주들을 압박해 광고를 주지 않도록 했는데, 압박을 견디지 못한 동아일보가 기자들을 대량으로 해직했다. 이런 경험에 따라 고안해낸 운영 방식이라고 했다. 그 발행인 겸 사장이 전 동아일보 편집국장 송건호다. 한겨레신문은 "진실을 알리는 국민의 신문"을 표어로, 정부의 보도 지침을 따르지 않을 것을 언명했다. 창간을 알리는 팸플릿에서는 다음과 같이 호소했다.

"오늘 우리는 시대가 요구하는 국민적 신문의 창간을 통해 제도 언론의 구조적인 과오 극복을 지향한다. 특정 계급의 사유물과 권력의 부속물이 되기를 거부한다. 자유 언론의 투쟁으로 해직 및 투옥된 기자들은 최근 10여 년간 고난 속에서도 언론의 자유와 독립을 위해 그 의지를 관철해 왔다. 우리는 결코 압박에 굴하지 않으며, 국민의 의지를 대변한다는 방침을 끝내 포기하지 않을 것이다."

기자들이 신문을 만든다는 이야기에 흥미를 느껴 사옥을 찾았다. 원래 창고로 사용되던 곳이었다. 2층짜리 건물에 책상과 의자를 놓았고, 건너편 방에서는 신입사원 면접이 진행되고 있었다. "사장님 말씀을 들어보고 싶다"라고 말하자, 한 기자가 손가락으로 누군가를 가리켰다. 책상 배치로 북적이는 가운데 백발의 인물이 책상에 앉아 원고를 쓰고 있었다. 그를 만난 순간을 지금도 잊을 수가 없다. 내가 "일본의 아사히신문 기자인데, 말씀 좀 들어볼 수 있을까요?"라고 말을 건네자 그가 큰소리로 호통쳤다. "아사히신문이 뭐 하러 왔어! 돌아가요!" 첫 대면부터 내가 왜 이런 호통을 들어야 하는지 설명을 부탁했다. 그러자 그는 다음과 같이 말했다.

"엄혹한 군사정권 시절, 한국의 신문과 방송이 진실을 말하지 않아서 우리 사회가 어떻게 돌아가는지 아무도 몰랐어요. 그런 어둠 속에서 한 줄기 빛이었던 게 아사히신문이었죠. 우리는 며칠 늦게 일본에서 받아보는 아사히신문을 줄줄 외울 정도로 읽었어요. 그러면서 처음으로 한국에서 무슨 일이 일어나고 있는지 알 수 있었죠. 그런 일이 있었기에 고통스러운 군사정권하에서도 미래를 확신하며 민주화운동을 이어갈 수 있었어요. 오늘날 군사정권을 끝장내고 민주화 시대로 변화할 수 있었던 건 그 시절 아사히신문이 있었기 때문이죠."

그는 이 모든 내용을 단숨에 이야기한 뒤 나를 노려보며 말을 이어갔다.

"하지만 그 무렵 한국 기사를 써준 특파원을 아사히신문이 내쳤어요. 뒤이어 부임한 특파원은 민중을 취재하지 않고 정권의 이야기만 기사화했고요. 지금의 아사히는 대체 뭔가요! 그런 아사히랑은 할 말이 없으니 돌아가요!"

민주언론

저널리즘 의식이 빈곤하다고 비판받는 일본 신문이 혹독한 겨울을 보내던 한국인의 마음에 버팀목이 되어 사회를 변혁하는 데 도움을 준 역사가 존재했음에 감동했다. "그 무렵의 특파원"은 당시 아사히신문 서울지국장 이카리 아키라를 말한다. 이카리는 1969년 서울지국장이 되어 4년간 박정희 체제하의 한국을 취재하고 압정에 신음하는 이들의 편에서 보도했다. 1980년 광주민주화항쟁 당시에는 외신부 차장이었다.

그는 당시 아사히신문과 『아사히저널』에 기사를 싣는 외에도, 광주민주화항쟁 이후 1980년 12월에 출판된 편저 『80년 5월 광주: 봄의 대학살』(스즈사와서점)＊에서 "총을 준비한 3명의 군인이 구보로 올라왔다. 4명의 학생이 팔다리가 묶인 채 바닥에 엎드려 나뒹굴고 있었다. … 군인이 '사진은 절대로 찍지 말라'고 몇 번이나 말했지만, 다들 틈을 노려 촬영했다. 전차의 캐터필러 소리가 들려서…"라며 생생한 르포를 실었다.

광주민주화항쟁 당시 현지에 들어간 기자는 독일인 힌츠페터뿐만이 아니다. 일본의 신문 및 통신사와 미국의 TV 방송국 및 주간지 등의 기자도 함께했다. 아사히신문은 상

＊　한국어판은 『80년 5월 광주: 봄의 대학살, 일본 언론이 본 5.18』, 이상배·윤동욱 옮김, 한울, 1998.

황이 한창이던 5월 24일 조간 1면 톱으로 "분노의 광주, 피와 파괴 –현지에서 보다", "시민들 눈앞에서 총격전 –밥 지어 나눠주고 학생 모금까지" 등 사이토 타다오미 특파원의 르포를 게재했다.

나는 노려보는 송 사장에게 반론했다.

"이카리 씨는 제가 존경하는 기자입니다. 하지만 그 외에도 공정하고 공평한 사회를 위해 최선을 다하는 기자가 현재 일본에도 있습니다. 제가 여기 온 것도 노태우 관련 취재만으로 알 수 없는 한국의 실정을 알아보고, 선생님의 활동을 일본에 전해야겠다고 판단했기 때문입니다."

그는 금세 밝은 표정이 되어 창간 작업으로 바쁜 와중에도 2시간이나 할애해 한겨레신문에 관해 얘기했다.

"국민 모금이라는, 국제적으로 유례없는 과정을 통해 창간한 신문입니다. 권력과 기업으로부터 독립적이며 공정한 보도를 생명으로 하고 있어요. 정부는 지금도 여러 면에서 방해하며 3월로 예정돼 있던 발행 허가를 내주지 않지만, 5월에는 꼭 창간할 겁니다. 최초 목표는 30만 부이고요. 지향하는 방향은 자주적인 남북통일 실현, 민주언론과 민족언론의 기둥이 되자는 겁니다. 나를 비롯해 기자 모두가 감옥에 가는 것까지 각오하고 있어요."

당시 다른 신문은 한자를 병용했지만, 한겨레신문은 한국 고유의 문자인 한글 전용을 관철했다. 민족의 주체성을 주장하기 위해서였다. 창간 기금 50억 원은 시민들로부터 주식 형태로 모았다. "국민 누구라도 언론의 주인공이 될 수 있는 길을 연다"라는 창간 정신에 합치하는 경영 방식이다. 국민도 이에 화답했다. 신문 배달로 생계를 잇는 빈곤층 청소년들도 많지 않은 급여에서 큰돈을 모아 보내는 등 3,000여 명이 모금에 참여해 예상보다 일찍 목표액을 넘어섰다. 국민의 기대가 어느 정도였는지 짐작할만한 대목이다.

기자와 일반직에 50~60명의 인원을 모집하는데, 8,500명의 지원자가 몰렸다. 당시 한겨레신문은 결코 노동조건이 좋은 편이 아니었다. 게다가 급여가 다른 신문사의 3분의 1 정도였다. 송 사장은 "사장인 내 급여가 다른 회사 신입사원의 초임보다 낮다"라고 말했다. 사장과 사원이 똑같이 급여 35만 원(당시)으로 출발했다. 보너스나 수당도 없었다. 그래도 "신문다운 신문에서 일하고 싶다"라며 일하던 신문사를 그만두고 응시한 기자까지 있었다.

마지막으로 송 사장은 일본 언론에 대해 언급했다.

"한국 국민은 지금 일본 신문이 한국 민주화운동에 냉담하다고 생각해요. 일본 정부야 한국 정부를 지지하더라도 일본 언론은 민주화를 지지해줬으면 좋겠어요."

자유의 묘목을 위한 거름

신문뿐만이 아니다. 수도 서울은 민주화라는 미래를 향해 돌진하고 있었다. 서점 앞에는 '해금도서 코너'가 만들어져 판금 처분이 해제된 책들이 산을 이루고 있었다. 그 주변에는 서서 책을 읽는 시민들로 러시아워의 지하철처럼 붐빈다. 벽에 진열된 해금도서 일람표에는 500권이 넘는 책 제목이 적혀 있다. 광주민주화항쟁의 기록도 있었다. 마르크스의 프랑스혁명 3부작, 일본 잡지 『세카이』에 연재된 "한국통신"의 해적판, 노동운동 관련 서적까지, 매번 이렇게 많은 양이 출판되면 독자들이 질릴지도 모르겠다 싶을 정도로 많다. 이 모든 책을 언젠가 올지 모르는 이 날을 위해 준비해둔 것이다.

주간지와 월간지는 매일 10건 가까이 창간 신청이 있을 정도로 열풍을 이뤘다. 광주민주화항쟁 직후인 1980년 6월에 발행 금지당한 『월간중앙』은 1988년 3월호를 내며 8년 만에 복간했다. 복간 제1호는 광주민주화항쟁의 생생한 사진을 특집 화보로 실었다. 특히 주목할 만한 것은 권두에 게재된 '복간의 말'이었다.

"민주주의는 타인으로부터 주어지는 게 아니라 스스로 싸워 얻어내야 한다. 민주주의의 기초인 언론의 자유도 남의 힘이 아니라 스스로 옹호함으로써 쟁취하는 것이다. 우리는 앞으로 자유의 묘목이 반드시 수목으로 성장할 수 있도록 희생의 밑거름이 될 것임을 독자 앞에 천명한다."

서점에서 해금도서에 눈길을 보내던 학생은 "흥미로운 책들이 한꺼번에 쏟아져 나와 다 읽을 수조차 없을 정도예요. 그래도 더 나와줬으면 좋겠어요"라면서 만면에 미소를 지었다. 서점 관계자도 "해금도서는 뭐든 잘 팔려요. 금방 동나서 수요를 따라갈 수 없을 정도죠"라며 즐거운 비명을 질렀다. 사람들이 자유에 굶주려 있었던 것이다.

한편, 비합법인 채로 남아 있는 잡지도 있다. 동아일보와 조선일보에서 해직된 기자들이 1985년에 창간한 『말』지다. 언론의 자유가 지켜지지 않던 체제에서 빼앗긴 '언어'

를 주장하자는 취지에서 이런 이름이 붙었다. 『말』지는 탄압에 대항해 과감하게 싸웠다. '민주, 민족, 민중의 언론으로의 시금석'이라는 슬로건을 내걸고 격주로 1만 5,000부를 발행해 내가 방문할 때는 20호를 낸 참이었다. 이 잡지는 비밀리에 인쇄되어 사람들의 눈을 피해 서점에 배본됐다.

『말』지 편집국은 자동차 부품점이 밀집한 상업지역 뒷골목의 꾀죄죄한 건물 2층에 있었다. 그동안 발행한 잡지가 선반에 쌓여 있고, 10명의 편집 기자가 기사를 쓰거나 회의를 하고 있었다. 이 사무실은 셀 수 없을 만큼 경찰 단속을 많이 겪었다. 발행될 때마다 편집 책임자가 체포됐다. 기자들은 교대로 편집 책임자가 되어 일주일을 옥중에서 보냈다. 전년도에는 매번 사무실이 수색당하고 잡지가 압수됐다. 광고 수입도 적고, 위험 부담이 크다는 이유로 인쇄비도 비쌌다. 기자 급여는 한겨레신문의 절반 정도밖에 되지 않았다.

한국기자협회 회장을 지낸 김태홍 발행인이 다음과 같이 말했다.

"감춰진 사실과 진실을 일반인에게 알리는 게 이 잡지의 방침입니다. 현재 한국에는 진정한 언론의 자유를 위해 해결해야 할 6가지 문제가 있어요. 첫 번째는 조국의 분단, 두 번째는 계급, 세 번째는 인권, 네 번째는 군 관련 보도 금지, 다섯 번째는 여당과 재벌 관련 보도 금지, 여섯 번째는 미국과 일본의 제국주의적 침략. 이상에 관한 보도가 모두 자유롭게 이뤄져야 합니다."

　한국의 보도 역사는 이런 '금지'를 깨뜨려온 역사다. 권력에 영합하는 사이비 저널리스트도 있었지만, 목숨을 걸

＊
『말』지 편집국에 쌓여 있는 잡지.
= 1988년 2월, 서울

고 진실을 전하려 했던 기자들이 어느 시대든 있었다. 물론 지금도. 박근혜 대통령의 부정 폭로도 신문방송 기자의 노력이 있었기에 가능했다. 2017년 처음 이 문제를 보도한 것은 6년 전 설립된 종편방송국인 TV조선이었다. 하지만 처음 특종을 낸 뒤 후속보도를 내려 하자 간부로부터 압력이 내려왔다고 한다. 이른바 자주 규제다. 정부는 특종을 낸 기자를 사직시키라고 다그쳤다. 이들의 뒤를 이어 뛰어든 것이 한겨레신문이다. 의혹의 중심에 있던 박근혜 대통령의 측근 최순실의 이름을 알아내 처음으로 보도했다. 다른 종편방송국인 JTBC는 최순실의 태블릿PC를 손에 넣었다. 여기에는 국가 기밀정보가 가득했다. 이것이 결정적 증거가 되어 박근혜가 몰락했다.

이것이 현재 한국 저널리즘의 모습이다. 많은 회사가 경영을 이유로 규제하지만, 기자들은 과감하게 싸우고 있다.

민중주의

한국 시민운동을 접하다 보면 '민중'이라는 말을 자주 듣게 된다. 2016년 박근혜 정권을 쓰러뜨린 시민행동도 '민중 총궐기'라 불렸다. 한국에서 말하는 민중이란 어떤 개념일까?

『말』지의 슬로건도 '민주, 민족, 민중'의 삼민주의를 거론한다. 김태홍 발행인에게 민중의 의미를 물으니 "영어의 피플people, 즉 인민을 의미합니다"라는 답이 돌아왔다. 군사정권 시절 한국에서는 '인민'이라는 용어를 쓸 수 없었다. 북한의 정식 명칭인 조선민주주의인민공화국에 쓰이기 때문이다. 그 대신 민중이라는 용어를 썼다. 이어서 그는 "노동자, 농민, 도시민, 중산층, 양심적 지식인, 관료까지 포함된 폭넓은 계층을 가리킵니다"라고 부연했다.

한겨레신문의 송건호 사장은 민중주의에 대해 "일본 제국주의로부터 해방된 뒤 한국에서 주도권을 쥔 것은 일본 식민지 지배에 협력했던 세력이었어요. 당시는 물론 지금도 괴롭힘을 당하는 민중이 주도권을 쥐어야 한다는 게 민중주의지요"라고 말했다.

'민중'이라는 말이 최초로 특별한 의미로 쓰이기 시작한 곳은 문학 분야였다. 1970년대 초반 '민중문학, 민중시대의 문학' 등의 표현이 등장했다. 문단의 기수로『죽음을 넘어 시대의 어둠을 넘어』를 엮어낸 황석영 작가에게 서울의 한 모임에서 '민중'의 개념을 묻자 다음과 같이 말했다.

"1970년대 초 박정희 정권하에서 부富는 일부에게 집중됐습니다. 노력하는 것만으로는 자기 몫을 분배받을 수 없는 노동자, 농민, 빈민이 민중이라 불렸죠. 정치적 힘을 갖지 못한 일반대중 말입니다. 1970년대 후반에 이르러 정치가 사회를 심하게 탄압하자 비인간적인 처사에 맞서 싸우기 시작한 사람들을 민중이라 불렀어요. 박정희가 암살된 후 미제국주의하에서 고통받던 남북 동포를 민중이라고 칭하게 되어, 지금도 그런 의미로 쓰이고 있습니다. 이것이 한국의 민중이라는 개념이 갖는 역사입니다."

광주에는 문화 분야에서 투쟁을 전개하는 광주민중문화연구소가 있다. 황석영 등이 참여해 1982년 설립했다. 전통적인 형식을 활용해 현대 사회와 정치 문제를 풍자하는 무용, 연극 등으로 민족문화 운동을 벌여왔다. 연구소가 발행하는 회보의 창간호 표지로 쓰인 판화는 광주민주화항쟁 당시 한때 해방구가 됐던 시내와 시민을 묘사한 것이다.

내가 찾아갔을 때 연구소의 중심인물이었던 홍성담 대표가 이 판화의 작가다. 그는 5년 동안 연구소 대표직을 맡았다. 목전에 와 있던 1988년 서울올림픽에 대해 그는 "정부는 문화올림픽이라는 이름을 쓰지만, 건강한 민중문화를 돈으로 타락시키는 겁니다. 정부가 올림픽에 힘을 쏟는 것은 국민의 현실 불안을 문화적으로 희석시킴으로써 이후의 지배력을 강화하려는 노림수에서 비롯되죠"라고 비판했다. 일본의 2020년 도쿄올림픽과도 맞물리는 분석이다.

화해를 구하며

보통사람

취재 중에 노태우가 대통령에 취임했다. 당시 시민들에게 학살자로 불리던 그는 어떤 사람일까? 그의 고향인 대구를 찾아갔다. 시 중심부에서 차로 30분 정도 거리인 산 너머. 노태우가 태어난 용진마을은 옛날이야기에 나올 것 같은 순박한 시골 동네였다. 지게를 지고 나무하러 가던 할아버지와 길에서 마주쳤다. 노왕수 할아버지, 노태우의 어릴 적 친구란다. 그는 "노태우는 성격도 좋고 달리기도 빨랐어" 라고 회상했다.

영하 7도의 추운 날씨인데도 나이 든 여성이 시냇가에서

얼음을 깨고 빨래하고 있다. 시냇가 옆 돌담 안에 노태우의 생가가 남아 있다. 사방 10m 정도의 마당에 면한 2채의 기와지붕 단층집과 외양간이 있었다. 인근 주민들에게 노태우에 관해 물었다. 그가 태어났을 때 한학자이던 조부가 "겸허해야 한다"라면서 대단히 어리석다는 의미의 "태우泰愚"라는 이름을 붙였다고 한다. 가난한 농가였지만, 그의 아버지는 음악을 좋아해 일본제 축음기를 들으며 바이올린을 켰다. 그러던 중 노태우가 7살 때 아버지가 교통사고로 세상을 떠났고, 그는 어머니와 함께 밭을 갈고 소를 먹였다. "작은 몸집으로 일을 참 열심히 했지"라며 맞은편에 사는 주민 남득금이 술회했다.

노태우는 오전 6시에 집에서 출발해 늑대가 나오는 산길을 1시간 반 동안 걸어 등교했다. 신발 살 돈이 없어 나막신이나 짚신을 신고 다녀야 했다. 아르바이트한 돈으로 기쿠치 간 전집을 사서 『아버지 돌아오다』를 몇 번이고 읽었다. 당시에는 '가와모토河本'라는 일본 이름을 썼는데, 학교에서도 일본어 사용이 강제돼 한국어를 쓰면 얻어맞았다.

그에게 가장 고통스러운 것은 굶주림이었다. 아침은 미음, 도시락은 보리와 콩이었는데, 그마저도 가져가지 못하는 날이 많았다. 그래도 초등학교 6년 동안 결석 한 번 하지 않았다. 노태우가 후에 "강한 주장을 용기라고 하지만, 견디기 어려운 걸 견디는 것도 그에 못지않은 용기"라고 말한 것은 어린 시절 직접 느낀 바였으리라.

초등학교 시절 그의 학적부가 남아 있었다. 6학년 때 성적은 지리와 국사(일본사), 수학이 최고점인 10점, 지리는 9점이었다. 담임은 그를 "복장이 단정하고 활달하다"라고 평가했다. 이후 그는 대구공업중학교 전기과에 진학했다. 두 학년 아래 기계과에 다녔던 이가 이후 대통령이 되는 전두환이다. 노태우는 3학년 때 학년 전체 3등이라는 성적을 거뒀고, 10대 1의 경쟁률을 뚫고 명문인 경북중학교로 편입했다. 5년간의 성적은 219명 중 63등으로, 학적부에는 "온순, 열심히 노력하고 책임감이 있다"라고 적혀 있다. 당시 담임을 찾아가 노태우에 대해 묻자 "소박한 농촌 아이의 전형이었다"라고 말했다.

중학교 마지막 해에 한국전쟁이 발발했다. 그는 학도병에 지원해(정규 4년제) 육군사관학교 1기생이 되었다. 육상부에서는 100m를 11초대에 달렸고, 이후 럭비부를 창설했다. 톨스토이와 헤세의 시를 해독했고, 4학년 때는 좋아하던 여고생에게 릴케의 시집을 선물했다. 그리고 육군사관학교 졸업 후 중위가 됐을 무렵 그녀와 결혼했다. 신혼여행 도중 호출을 받고 미국으로 건너가 특수전학교를 수료했다. 1968년에는 맹호부대 대대장으로 베트남전쟁에 참전했고, 귀국 후 장군이 되어 전두환과 함께 쿠데타에 참가했다. 양주 2병을 비울 정도의 애주가였으며, 술기운이 오르면 "베사메 무초"를 즐겨 불렀다.

대장 전역 후 정계로 들어간 그는 전두환 정권에서 체육부 장관과 내무부 장관을 지냈다. 전두환의 힘이 약해지면서 부상해 대통령 후보가 됐고, 그가 선거에서 강조한 것이 '보통사람'이다. 그는 "자랑할 것도 없지만 못한 것도 없는 보통사람의 위대한 시대를 만들겠다"라고 호소하며, 천재형이 아닌 노력형이었던 자신을 있는 그대로 내세웠다.

이렇게 살펴보니 은인자중하던 끝에 권력을 수중에 넣은 도쿠가와 이에야스와 같은 인생이다. 노태우는 대통령으로서 소련 및 중국과의 국교를 수립하고, 북한과 동시 UN 가입을 실현했다. 대통령 퇴임 후에는 정치자금 은닉과 광주민주화운동의 책임을 추궁당해 징역 17년 판결을 받고 수감됐으나 8개월 만에 특사로 풀려났다.

이상에서 알 수 있는 것처럼 괴물처럼 회자되던 노태우도 출신은 영락없는 '보통사람'에 지나지 않는다. 물론 그의 인생은 줄곧 권력의 편이었으며, '민중'과는 무관하다. 그러나 한국전쟁의 파도에 휩쓸려 군인이 되어 노력하던 와중에 두각을 나타냈다. 처음부터 눈에 띄는 악인은 아니었음을 알 수 있다.

세계 평화의 섬

그 노태우가 대통령 재임 중에 일본과의 관계에 대해 이렇게 말했다.

"가해자가 피해자에게 '죄송합니다'라고 말하는 건 당연한 일이다. 제대로 사죄하지 않으면 피해자는 가해자의 진심을 의심할 수밖에 없다. 진심으로 '죄송합니다'라고 하면 피해자도 감동해서 '이제 됐어요. 앞으로 잘해 봅시다'라고 말할 수 있다. 이는 한국뿐 아니라 중국이나 아시아에서 일본의 인식을 바꾸는 계기가 될 것이다."

이런 이야기를 들은 일본은 어떻게 했는가? 아베 정권이 집권한 뒤 일본과 한국의 사이가 급속도로 냉각됐다.

"죄송합니다"라고 사과하기는커녕 "일본은 잘못하지 않았다", "일본의 통치가 한국 발전에 도움이 된 것 아니냐"면서 버티는가 하면, 한술 더 떠 영토 문제, 위안부상 처치, 야스쿠니 신사 참배, 징용공 배상 등을 둘러싸고 사사건건 한국 정부와 대립했다. 이에 호응이라도 하듯 일본 내에서는 혐한 감정이, 한국에서는 반일 감정이 확산했다. 도대체 어떻게 해야 할까?

2015년 나는 한반도 남쪽 90km 지점이자 한·중·일 3국의 분기점에 자리 잡은 제주로 향했다. 제2차 세계대전 말기 일본군은 미군과의 본토 결전에 대비해 제주도 사수가 일본의 안전을 위한 절대 조건이라고 생각했다. 미군이 본토 상륙 전에 제주도를 점령하고 전진기지로 사용할 거라 예상했기 때문이다.

일본은 총 7만 5,000명의 육군과 해군을 차출해 제주에 진을 쳤다. 지휘를 맡은 제17방면군 제58군 사령부는 섬 전역을 요새화하기 위해 지상에는 진지, 지하에는 참호를 만들었다. 참호의 총연장은 육군만으로도 32km에 달했다. 섬 주민은 땅을 파는 진지구축 작업부대로 강제 동원됐다. 가마오름에는 총연장 2km의 미로 같은 지하요새가 있다.

보병 제243연대 사령부다. 일본군이 이곳에 놓고 간 물건들이 제주 전쟁역사평화박물관에 전시되어 있다.

박물관 건물을 세운 것은 참호를 파는 데 동원된 주민 이성찬의 아들 이영근이다. 이성찬은 장갑도 없이 맨손으로 삽과 곡괭이만 가지고 땅을 팠다고 한다. 그렇게 2년 반이나 지하에 갇혀 있다가 전쟁이 끝나 밖으로 나왔을 때는 눈이 보이지 않았다. 그러니 일을 할 수 없어 한동안 구걸로 연명해야 했다. 이영근도 어린 시절 아버지와 함께 구걸

＊
세계 평화의 섬 기념비.
＝ 2015년, 제주

했다. 어린 이영근이 "우리는 일본인 때문에 지독한 일을 당했어요"라고 하면, 아버지는 "일본인들 원망하지 마라. 그들도 일부 권력자들의 명령에 기계처럼 따랐던 거야. 일본인도 희생자인 셈이지"라며 타일렀다고 한다. 이영근은 아버지의 말에 따라 "앞으로 일본인과 함께 평화로운 세상을 만들 거예요"라고 결심했다. 그리고는 열심히 일해 모은 돈으로 평화박물관을 지었다. 나는 이 이야기를 듣고 눈물이 났다.

박물관에 들어가니 참호에 있었던 군복과 배낭, 카메라, 나팔을 비롯해 램프, 솥까지 전시되어 있다. 건물 옆에는 참호 입구가 있다. 회중전등을 들고 안으로 들어가니 3층 구조에 회의실과 의무실, 침실 등으로 나뉘어 있다. 더 안으로 들어가자 머리가 천장에 닿을 정도였다. 마지막 전시물은 "자유와 평화는 공짜로 얻어지는 것이 아닌 것을 우리는 결코 잊어서는 안 될 것이다"라고 한글, 중국어, 일본어, 영어로 적힌 문자판이다. 박물관 입구에도 "자유와 평화는 공짜가 아니다"라고 적혀 있다. 안뜰에는 "세계 평화의 섬"이라고 새겨진 기념비가 세워져 있다.

이 부자의 일을 알고 나서 어찌 가슴이 아프지 않을 수 있을까?

역사는 영원히 끝나지 않는다

2018년 1월, 독일 시사주간지 『슈피겔』에서 30여 년간 아시아를 보도해온 도쿄지국장 빌란트 바그너가 귀국했다. 직전에 열린 기자회견에서 그는 유창한 일본어로 다음과 같이 말했다.

"옛날의 일본은 발전적이었습니다. 지금은 여러 면에서 퇴보했죠. 저는 지금 슬픈 마음으로 일본을 떠나려 합니다. 총리는 전후 체제로부터의 탈각을 얘기하지만, 자신이 어떤 나라를 만들고 싶은지 모르는 게 아닐까요? 패전 후 독일은 민주주의라는 선물을 받아들여 활용해야 한다고 생각했습니다. 일본은 미국의 강요로 민주주의를 받아들여서 외형뿐인 체제에 머물러 있어요. 회의도 형식에 불과할 뿐 처음부터 결론이 정해져 있죠."

정확한 지적이다. 그리고 문재인 정권에 대해서는 "트럼프 정권을 이용해서 자신들이 하고 싶은 대북정책을 잘 진척시키고 있어요. 중개자 역할을 하려고 하죠"라고 평가했다. 그리고는 한일관계에 대해 이렇게 조언했다.

"한국과 일본의 사이가 나쁜 게 정말 안타깝습니다. 아베 총리의 야스쿠니 신사 참배로 양국의 교류가 멈춰 버렸어요. 이런 일은 그만두는 게 좋아요. 한·일 모두 각자 양보하면서 서로에게 다가가야 합니다. 지금의 일본 정계는 한국을 미워하기만 할 뿐 평화를 위해 노력하지 않아요. 위안부 문제 등과 관련해 진심 어린 반성이 필요한데, 일본은 단지 전후처리를 빨리 끝내고 싶어 해요. 그러나 역사는 영원히 끝나지 않습니다. 독일은 가해자로서 사과했어요. 프랑스는 그걸 받아들였고요. 사과하는 쪽과 받아들이는 쪽 모두 노력했으면 좋겠습니다."

문득 그의 모습이 영화 〈택시운전사〉의 독일인 기자와 겹쳐 보였다.

화해의 전제

반성해야 할 일이 일본에만 있는 건 아니다. 군대는 어디서든 끔찍한 짓을 저지르기 일쑤다. 군대는 적을 상정하고 말살하기 위한 조직이다. 발상 자체가 악의 근원이다. 이를 강하게 느낀 게 베트남에서였다.

베트남전쟁이 한창이던 1968년 미군이 손미마을에서 저지른 학살사건이 문제가 됐다. 사실 바로 1년 전 한국의 해병대도 미군과 마찬가지, 아니 그 이상의 학살사건을 일으켰다. 1967년 박정희 정권은 미군의 보완세력으로서 한국 해병대를 베트남에 파병했다. 노태우가 대대장으로서 베트남 전장으로 건너간 것도 이때다.

1967년 1월 한국 해병대는 베트남 중부의 디엔반 마을을 헬기로 급습했다. 그리고 집들을 한 채 한 채 돌면서 살육을 시작했다. 1998년 이 마을을 방문했던 나는 살육이 벌어졌던 현장에서 70세 여성 추온티 리 등 살아남은 이들로부터 당시 상황을 직접 들었다. 추온티는 지하에 파놓은 터널에 숨어서 무사할 수 있었다. 그러나 3시간 뒤 터널에서 나오자 무참한 광경이 펼쳐졌다. 양친과 남동생 둘은 자동소총에 맞아 죽었다. 올케는 아기를 껴안은 채 사살됐고, 아기는 벽에 내던져져 살해됐다. 학살을 마친 군인들은 집을 불태웠다. 너무나 끔찍한 짓이었다. 추온티는 울면서 시신을 매장했다.

보름 뒤 한국군이 다시 한번 마을로 들어왔다. 추온티와

주민들은 산으로 도망쳤다. 한국군은 불도저로 무덤을 짓 뭉갰다. 군인들이 철수한 뒤 마을에 돌아오니 송장 썩는 냄 새가 진동했다. 죽이는 것만으로 부족했던 걸까? 왜 무덤 까지 유린했을까? 추온티는 견딜 수 없는 심정으로 울면서 무덤을 다시 메웠다.

광주민주화운동 당시 시민을 학살한 한국군은 이런 잔 인무도한 살육 집단이었다. 나는 이 현장에 한국의 NGO 활동가들과 함께 왔다. 그중 변영주 영화감독도 있었다. 일 본군에 의해 종군위안부가 된 한국 여성들을 그린 다큐멘 터리영화 〈낮은 목소리〉의 감독이다. 변 감독은 학살에 관 해 이야기하는 추온티를 향해 카메라를 켰다. 영상을 기록 하던 변 감독은 울고 있었다. 일본군이 전쟁 중에 저지른 잘못을 파헤치려다 한국군도 끔찍한 일을 저질렀음을 알 고 충격받은 것이다.

한 NGO 활동가가 힘겹게 운을 뗐다.

"한국군이 베트남에 간 건 베트남을 위해서였다고 들으 며 자랐어요. 그렇지 않다고 쓴 책의 저자는 투옥됐고요. 오늘 이 마을에 와서 처음 진상을 알았어요. 한국은 사죄해 야 합니다."

그러자 추온티가 믿기지 않는 말을 했다.

"다 지난 일이에요. 지금 여기서 그때의 한국인들과 만나난다면 과거의 잘못을 용서하고 양팔 벌려 친구로서 환영할 수 있어요."

나중에 변 감독이 내게 마음을 털어놓았다.

"여기 오길 잘했어요. 오기 전엔 무슨 얘기를 들어도 감정이 동요하지 않을 것 같았는데, 그런데도 울어 버렸네요. 베트남인들은 강한 사람들이에요. 질투가 날 정도로요. 베트남 분들이 멋지다는 생각이 들었습니다."

여기서 민족성의 차이가 보인다. 한을 잊지 않는 한국인과 과거를 털어내고 미래로 향하는 베트남인의 기질 차이. 하지만 착각해선 안 된다. 베트남 사람들이 한국 병사들을 용서한 건 그 앞에서 한국인들이 눈물 흘리며 사죄했기 때문이다. 진심 어린 사죄라는 전제가 있기에 화해는 미래를 향해 나아갈 수 있는 것이다.

그리고 또 하나, 일본의 헌법 9조가 개정돼 일본 자위대가 일본 국군이 되어 미군의 보완세력으로서 세계 어딘가에 파병된다면 그들도 한국군과 같은 일을 하게 될 것이다.

다음은 베트남으로 가보자.

Ⅱ장

늠름하게 싸우는 사람들
베트남

*

결혼식을 축하하기 위해 왕궁터에 모인 여성들. = 2013년 3월, 후에

아오자이 차림의 여성 게릴라 대표

부흥으로부터 성장기로

젊은이들은 베트남전쟁에 대해 잘 모른다. 무리도 아니다. 전투가 가장 격렬했던 시기로부터 반세기가 지났으니 말이다. 베트남전쟁의 상징이던 호찌민 초대 국가주석의 사망이 1969년이니, 2019년이면 딱 50년이다.

베트남전쟁이 끝난 건 1975년이다. 당시 중학생이던 사람이 곧 환갑을 맞는다. 전쟁 당시 베트남 지휘관은 거의 세상을 떠났다. 그 시절 세계를 떠들썩하게 한 화제의 인물로, 지금도 생존해 있는 여성을 만나기 위해 베트남 여행을 떠났다. 최전선에서 싸운 평범한 사람들의 이야기를 듣고 싶었다. 2013년 3월과 10월 두 번에 걸쳐 베트남 중부와 북부를 돌아다녔다. 함께 갈 사람을 모집하자 전국에서 20명 정도가 모였다.

수도 하노이 공항에서 도심부로 향하는 길에는 한국과 일본 등 해외 기업의 공장과 광고탑이 즐비했다. 고속도로 오른편에는 일본 기업이 건설한 공업단지가 있다. 캐논, 파나소닉, 야마하 등의 유명 기업을 위시해 250개사가 진출해 있다. 왼편에는 고급 아파트가 줄지어 서 있다. 그중 입구가 파리의 개선문을 닮은 궁전 같은 아파트는 인도네시아 기업이 지었다.

수도 최대의 고속도로가 막 개통한 참이었다. 수도 주변을 도는 순환도로도 계획 중이라고 한다. 하노이를 가로질러 흐르는 홍강에는 일본의 정부개발원조ODA로 새 교량이 건설 중이었다. 전후의 부흥기를 넘어 빠르게 성장기에 접어든 활황을 보여준다. 이렇게나 건설 공사가 많은데 고속도로에 화물트럭이 보이지 않는다. 왜인지 물으니 정체를 피하기 위해 화물차는 전용도로를 달려서라고 한다. 화물을 실은 차는 거리 한가운데를 달리지 않도록 규제도 하고 있다. 필리핀 마닐라를 비롯해 동남아시아의 수도는 어디든 교통체증이 심한데, 베트남에서는 이런 대안을 마련하고 있었다. 하지만 오토바이와 자동차로 가득 차 원래부터 만만찮은 상황이기는 했다.

거리 가까이에 집들이 빼곡하다. 정면 폭이 4m 정도로 무척 좁아서 5~6층으로 높이 쌓아 올린 벽돌집이 늘어서 있었다. 건설 중인 같은 건물들을 보니 그저 벽돌을 쌓아 올렸을 뿐 철골이 들어있지 않았다. 비슷한 건축 방식을 남미에서도 종종 채택하고 있는데, 두 곳 모두 지진이 없어서 가능하다. 라틴 기질 때문인지 꼼꼼한 편이 아닌 브라질에서는 짓던 도중에 붕괴되는 곳도 있지만, 베트남에서 그런 이야기는 아직 들어본 적이 없다. 거의 모든 지붕에 물탱크가 있어 열대의 강한 햇살을 받아 반짝인다. 마치 오키나와와 같다.

경제 발전에는 에너지가 필요하다. 베트남은 진원지가 없다면서 일본 원전 2기 수입을 결정해 국회 승인까지 받았다. 정부는 2030년까지 원전 14기를 건설하기로 계획 중이다. 그러나 2016년 1월 후쿠시마 원전 사고의 교훈과 막대한 건설비용이라는 재정문제로 90% 넘는 국회의원이 이 계획의 백지화를 찬성했다. 일본과 달리 자연에너지를 적극적으로 사용하는 스웨덴은 베트남에 풍력발전소를 수출해 기술 지원까지 하고 있다.

하지만 베트남에서 으뜸가는 원전 문제 전문가가 원전 계획에 반대했다. 원자력연구소 전 소장인 히엔이다. 그는 후쿠시마 원전 사고 직후 간 나오토 당시 총리에게 "원전 수출을 서두르지 말라"는 편지를 보내고, "도로를 보면 안다. 교통법규조차 지키지 않는 베트남 사람들이 원전을 움직이면 반드시 사고가 날 것"이라고 주장했다.

그의 말대로 수도에는 오토바이와 자동차가 홍수를 이룬다. 하노이 인구가 600만 명인데, 오토바이가 400만 대라고 한다. 내가 처음 베트남을 찾은 1989년에는 자전거가 넘쳐났는데, 교통신호 자체가 거의 없었다. 자전거가 오토바이로, 오토바이가 자동차로 바뀌었지만, 교통법규를 지키지 않는다는 점은 예전과 다르지 않다. 나는 청신호가 켜져 횡단보도를 건너던 도중 좌회전해 오던 오토바이에 뺑소니 사고를 당했다. 다리 골절로 전치 3개월을 진단받고 목발을 짚어야 했다. 이런 나라에서 원전을 가동한다면 반드시 사고가 일어날 거라고 나 또한 단언할 수 있다.

하노이 중심부 공원에는 이제 세계적으로 찾아보기 힘

든 레닌 동상이 서 있다. 그 앞 광장에서는 젊은이들이 스케이트보드를 즐긴다. 길가 포장마차 노점에서『도라에몽』등 베트남어로 번역된 일본 만화책을 팔고 있다. 사회주의 노선을 유지하는 한편, 서구나 일본의 자본과 문화가 급격하게 유입되고 있었다.

베트남은 전쟁 후의 경제난을 넘어 베이비붐 시대를 맞았다. 공립 초·중학교 한 학급의 학생 수는 45~50명이고, 학교에 따라서는 55명인 곳도 있다. 전쟁 직후의 일본과 같다. 이제 곧 30세 이상의 젊은이가 베트남 인구의 6할을 점하게 된다. '전쟁을 모르는' 아이들이다. 사회가 급속도로 변하고 있다.

베트콩의 여왕

우선 만나보기로 한 '여왕'의 사무실을 방문했다. 1968년 파리평화회담에 남베트남 민족해방전선을 대표해 참가했던 응우옌 티 빈이다.

파리평화회담이란 베트남전쟁의 종결을 위한 대화가 이뤄졌던 국제회의다. 남북베트남과 미국, 그리고 베트남에

＊
86세의 응우옌 티 빈이 웃는 얼굴
로 맞아줬다.
= 2013년 10월, 하노이

서 활동하며 '베트콩'이라 불리던 남베트남 민족해방전선
게릴라 4자 대표가 참가했다. 미국은 국무장관, 남북베트
남은 외무장관이 출석했지만, 게릴라 대표가 어떤 인물인
지는 알려지지 않았다. 정글을 걸어 나온 게릴라 대표는 분
홍색 아오자이 차림으로 검은 머리를 길게 늘어뜨린 여성
이었다. 그는 세계를 놀라게 했다. 그의 회고록『가족, 동
료, 그리고 조국』은 일본에서 막 출판된 상황이었다. 세계
적으로 이름을 떨친 베트남인으로서 아직도 건재한 인물

은 그뿐이었다. 역사적인 존재인 그를 만났을 당시 86세였는데, 여전히 민간외교 활동을 하고 있었다.

나는 하노이 중심부에 있는 시민단체 '베트남평화발전기금' 사무실을 찾았다. 응우옌 티 빈이 이 단체의 대표다. 국제정치의 영광스러운 무대에 등장했던 당시 신문 사진에서는 검고 긴 머리칼을 뒤로 잡아당겨 묶고, 햇볕에 그을린 굳은 얼굴에서 투사의 풍모가 느껴졌었다. 지금은 머리칼을 짧게 자르고 인상도 푸근해졌다. 재래시장에서 마주칠 법한 할머니 같은 느낌이다.

베트남은 일본과 같은 한자문화권이다. 응우옌阮이 성씨, 티氏는 출신 가문을 가리키며, 빈平이 고유의 이름이다. 그러니 보통은 빈이라고 부른다. 이것은 게릴라 시절 이름이기도 하다. 본명은 응우옌 티 차우로, 지하활동에 들어갈 때 개명했다. '빈'은 평화를 의미한다.

곧장 질문을 시작했다. 우선 듣고 싶었던 것은 역사적인 전쟁의 운명을 결정하는 파리회의에 어떻게 대표로 파견됐냐는 것이다. 선입견이겠지만, 게릴라 대표라면 강한 인상의 남성일 거라는 생각이 들지 않는가? 그래서 일부러 조금 짓궂게 물었다.

"여성으로서 어떻게 대표를 맡게 되셨나요?"

빈 대표가 충분히 예상한 질문이었다는 듯 크게 고개를 끄덕이며 말했다.

"베트남전쟁은 남성뿐 아니라 여성도 다수 참가한 전 인민의 전쟁이었습니다. 여성은 '긴 머리 군대'라 불리며 전투에 참가해 커다란 역할을 수행했죠. 여성인 제가 대표를 맡은 건 이것이 베트남 전 인민의 싸움이라는 의지의 표현입니다."

이렇게 운을 뗀 뒤 그가 웃는 얼굴로 이렇게 덧붙였다.

"본질은 그랬지만, 외교는 예술적인 측면이 있어요. 여성을 대표로 내세우면 여론에 좋은 이미지를 주기도 하니까요."

과연 여성을 대표로 한 배경에는 베트남 측의 만만찮은 계산이 있었던 것이다.

파리회의에 참가할 때는 남베트남 민족해방전선의 대표였지만, 남베트남공화국 임시혁명정부가 수립되자 외무장관에 취임하고 정부를 대표해 교섭했다. 그는 다음과 같이 술회했다.

"이를 위해서는 정치·문화적 지식이 필요했어요. 그런

훌륭한 능력이 제게 있다고는 생각하지 않았어요. 그래도 베트남인으로서 능력이 허락하는 한 최선을 다하자고 생각했죠. 국민을 위해 모든 걸 바친다는 정신으로 임했어요. 지휘부가 저를 대표로 선택한 건 제가 모든 일을 해낼 거라고 여겼기 때문 아닐까요? 이러한 기대에 부응할 수 있도록 확실하게 준비했습니다."

과연 이름뿐인 대표가 아니라 실력 있는 정치가였던 것이다. 아니, 교섭을 해나가면서 만만찮은 정치가로 성장했다고 보는 게 정확하리라.

"우리에게는 정의가 있고, 전 국민이 하나 되어 구국투쟁을 승리로 이끌 수 있다고 확신했습니다. 회의가 지연되면서 지치고 넌더리가 난 적도 있었어요. 그래도 반드시 우리가 승리한다, 단지 시간의 문제일 뿐이라는 생각에는 변함이 없었습니다. 게다가 세계로부터 커다란 격려가 전해지기도 했고요. 그것이 우리 싸움의 정당성을 뒷받침해준다고 믿었습니다."

당당한 자신감과 신념이다. 당시 서방측 정치가와 언론이 왜 그를 '베트콩의 여왕'이라고 불렀는지 수긍이 간다.

파리회의는 5년을 끌다가 결국 1973년 1월 평화협정을 맺었다. 그리고 이틀 뒤 닉슨 미국 대통령이 베트남전쟁의 종결을 선언했고, 미군은 순차적으로 베트남에서 철수했다. 미군이 사라진 뒤에도 전쟁은 이어졌는데, 1975년 사이공이 함락되고 남베트남 정부가 무조건 항복을 선언하면서 겨우 전쟁이 끝났다. 이듬해 남북베트남이 통일되어 베트남사회주의공화국이 탄생했다.

죽는 날까지 쉬지 않고

응우옌 티 빈은 1927년 5월 26일 베트남 남서부 마을에서 태어났다. 그는 정부의 측량 기사이던 부친 슬하의 여섯 형제자매 중 장녀였다. 아버지를 따라 캄보디아에 가서 프랑스어를 가르치는 고등학교에 다녔고, 베트남으로 돌아와 항불전쟁 게릴라가 된 남성과 결혼했다. 본인도 항불 지하활동을 했지만, 비밀경찰에 체포되어 죽는 게 낫다고 생각할 정도로 고문을 받았다. 3년간의 감옥생활을 끝낸 것은 1954년이다. 이 해에 베트남군이 디엔비엔푸 전투에서 프랑스군에 승리해 그들을 몰아낼 수 있었다.

또한 같은 해 하노이에서 중앙여성연합회를 시작하고

게릴라 학교에서 정치이론을 배웠다. 베트남 남부에서 민족해방전선이 탄생하자 프랑스어 실력을 인정받아 외교활동 임무에 투입됐다. 그리고 헝가리에서 열린 세계학생대회, 오스트리아의 국제부인회의에 베트남 대표로 참가했다. 이런 화려한 실적이 있었기에 1968년 1월 파리회의 대표로 선출된 것이다. 그는 짙은 분홍색의 베트남 민속의상 아오자이 위에 회색 코트를 걸치고 꽃무늬 검은 머플러를 두른 차림으로 파리 공항에 내렸다. 5년 뒤 파리협정이 체결될 때는 외무장관으로 사인했는데, 조인한 대표 4인 가운데 살아남은 것은 그뿐이었다.

베트남전쟁이 완전히 끝나 남북베트남이 통일되자 그는 베트남사회주의공화국의 국회의원이 되었다. 그리고 교육부 장관을 거쳐 국가 부주석으로까지 취임한다. 2002년 75세에 은퇴했지만, 이듬해 시민단체 '평화발전기금'을 설립했다. 한 사람의 시민으로서 베트남 발전을 위해 힘쓰자고 생각했기 때문이다.

"저는 한시도 쉰 적이 없습니다. 나라는 해방됐지만, 아직도 어려운 문제들이 산더미처럼 쌓여 있어요. 앞으로도 나라를 위해, 인민을 위해, 제가 할 수 있는 일이라면 뭐든

할 생각입니다. 돌아보면 민족해방전쟁도 엄청나게 힘들었지만, 국가 재건도 그에 못지않아요. 쉬지 않고 노력할 겁니다."

그는 이처럼 "쉬지 않고"라는 말을 되풀이했는데, 저서에도 "인생에서 평탄했던 적은 단 한 번도 없었다"라는 말이 나온다. 이 사람의 인생에 휴식의 시간은 과연 찾아올 것인가?

평화의 존귀함

평화발전기금은 안전과 평화의 관점에서 개발을 주제로 제언하는 역할을 한다. 대표적으로는 남중국해 영해를 둘러싼 중국과 베트남 분쟁에서 양국의 충돌을 막기 위해 활동하고 있다. 응우옌 티 빈과 만났을 무렵에도 베트남이 주장하는 영해 안에서 중국 함선이 베트남 어선을 향해 발포해 베트남 정부가 중국에 항의한 참이었다. 이와 관련해 나는 일본과 중국의 센카쿠·댜오위다오 분쟁을 떠올리며 중국과의 영토 문제에 어떻게 대응하고 있는지 물었다.

"전쟁이 끝나고 30년이 흘렀습니다. 전쟁이 어떤 건지 평화는 또 얼마나 존귀한지, 우리는 세상 누구보다 잘 알아요. 국가 재건을 위해서는 평화가 필요하죠. 우호나 평화를 소중히 하고 싶어요. 남중국해에서의 충돌은 대화를 통해 해결해야 합니다."

단체가 발행하는 소책자 『베트남과 동해』에는 베트남 동쪽에 펼쳐진 남중국해 섬들의 역사와 해역의 자유항행에 관한 주장이 기술되어 있다. 동남아시아국가연합ASEAN 의 틀 안에서 평화적으로 해결해야 한다는 게 단체의 주장이었다. 이는 베트남 정부의 입장이기도 하다. 그 후 베트남과 중국은 이 문제와 관련한 평화적 해결을 확인하고, 해안 공동개발을 위한 태스크포스를 설립하기로 합의했다.

응우옌 티 빈은 고엽제 피해자 모임의 명예회장이기도 하다.

"미국이 베트남에 떨군 폭탄과 지뢰를 제거하기 위해서는 적어도 한 세기가 필요합니다. 그중에서도 가장 심각한 게 고엽제예요. 유전자 변형으로 후세에까지 피해가 미치거든요. 게다가 피해자 대부분이 경제적으로 어려워요. 여전히 감염 상태인 미처리 지구가 10군데나 있습니다."

고엽제 피해를 널리 알린 것이 하반신이 이어져 있는 샴

쌍둥이 베트와 도꾸 형제다. 의료진 지원 등 일본 시민들의 협력으로 그들은 분리 수술에 성공했다. 형인 베트는 2007년 병사했지만, 동생 도꾸는 몇 번에 걸쳐 일본을 방문했다. 2017년에는 히로시마국제대학의 객원교수로까지 취임했다. 내가 베트남을 방문할 당시에도 도꾸의 기사가 베트남 신문에 실렸다. 기사에서 그는 "세상을 등진 형을 위해서도 열심히 살아야겠다고 맹세했습니다. 고엽제 피해를 본 다른 분들께도 도움이 되고 싶어요"라고 말했다. 치료를 지원해준 일본인에 대한 감사의 마음을 담아 아들은 후지, 딸은 아인다오(벚꽃)라고 이름 지었다.

함께 베트남을 방문한 사이타마현 출신의 야마구치 도시코가 원전에 대해 질문했다. 베트남의 일본산 원전 수입 계획에 대해서였다. 응우옌 티 빈은 "저는 원전 사용에 회의적입니다. 원전의 위험을 인식하지 않는 일부가 이 계획을 추진하고 있죠. 원전은 위험해요. 그만두는 게 좋아요"라며 우려를 표했다.

가나가와현에서 온 잇시키 유키코는 "제 청춘은 베트남전쟁과 떼려야 뗄 수 없는 관계입니다. 당시 일본 정부가 미국에 협력했는데요. 일본에 어떤 감정을 갖고 있나요?"

라고 물었다. 응우옌 티 빈은 "국가 재건을 위해 폭넓은 교류가 필요합니다. 현재 일본의 경제협력은 베트남에 도움이 되는 고마운 일이에요. 베트남전쟁 당시처럼 좋지 않은 개입은 바라지 않지만요"라고 답했다.

붉은 나폴레옹

붉은 나폴레옹의 죽음

응우옌 티 빈과 악수하고 헤어진 뒤 1시간 반이 지나 해방
전쟁의 사령관으로서 세계 최강의 미군을 물리친 보 응우
옌 잡 장군이 향년 102세로 생을 마쳤다는 소식을 들었다.
2013년 10월 4일 오후 6시 9분. 종횡무진 전략으로 '붉은
나폴레옹'이라 불리던 그의 죽음을 기해 베트남전쟁이 비
로소 완전히 막을 내린 느낌이 들었다.

정부가 특별 메시지로 그의 죽음을 공표한 것은 그 이튿
날이었다. TV 뉴스에서는 군복 차림의 여성 아나운서가 침
통한 얼굴로 "당, 국가, 군에 커다란 손실입니다"라고 말

했다. 부고를 들은 시민들은 하노이에 있는 잡 장군의 집을 찾아가 조문했다. 훈장을 가슴에 단 전직 군인, 꽃다발을 든 젊은이 등 그 숫자가 며칠 만에 10만 명을 넘었다. 이 정도로 많은 사람이 그를 추모하는 데는 이유가 있다. 현재의 베트남 정부는 비리와 경직된 관료제로 비판받는다. 그렇다 보니 잡 장군의 청렴결백함과 늘 서민과 함께한 자세가 도드라질 수밖에 없었다. 조문하러 온 나이 든 여성이 "홍수 피해를 입은 우리 마을에 장군의 위로 편지가 도착한 게 불과 얼마 전 일이었어요"라고 기억했다. "지금의 지도자는 말과 행동이 달라요. 하지만 장군은 그렇지 않으셨죠"라고 말하는 제대군인도 있었다.

잡 장군은 베트남전쟁이 끝난 뒤 부총리와 국방부 장관 등을 역임했지만, 자신을 위하는 건 뒷전이라 치아에 보철물조차 씌우지 않는 바람에 점점 발음이 나빠져 1982년 당 정치국원을 사임하고, 1991년에는 모든 공직에서 물러났다. 하지만 당을 떠나서도 정권의 부패를 지탄했고, 2006년에는 "이제 베트남공산당은 비리 공무원의 보호자로 전락했다"라며 쓴소리도 마다하지 않았다. 이와 같은 경고를 계기로 정부가 비리와 공권 남용의 실태를 인정하고, 당서

기장이 주도하는 중앙비리대책위원회를 발족하기도 했다.

잡 장군의 경력을 되짚어 보자. 1912년 베트남 중부에서 태어난 그는 대학에서 법학을 전공하고 고등학교 역사 교사가 되었다. 프랑스에서 독립운동을 하던 중 망명지인 중국에서 혁명의 지도자 호찌민과 만나 33세에 해방조직 군사 부문인 무장선전대를 조직했다. 그러나 전문적으로 군사를 배우지 않았던 그는 "백과사전에서 수류탄의 구조를 배웠다. 내 군사학교는 밀림이었다"라고 했다. 이름을 한자로 쓰면 무(武, 보) 완(阮, 응우옌) 갑(甲, 잡)이다. 이는 그가 게릴라 활동에 들어가면서 개명한 이름이다.

1945년 호찌민이 독립선언을 발표한 뒤 내무부 장관에 취임했고, 1950년에는 베트남 인민해방군의 총사령관이 되었다. 당시 중국에서 온 군사고문이 작전에 간섭하자 "여기는 베트남이야. 싸우는 건 우리라고! 당신은 우리에게 명령할 권한이 없어. 여기서 나가!"라며 호통쳤다고 한다. 당시 베트남은 혁명이 막 성공한 참이었지만, 뜨는 해처럼 기세등등하던 대국 중국을 상대로도 처음부터 의연한 자립정신을 관철했다.

디엔비엔푸 전투

프랑스군과 치른 최후의 결전은 1954년 베트남 북서부 산악지대 디엔비엔푸에서 벌어졌다. 프랑스군은 여기에 난공불락이라 불리던 기지를 짓고 활주로까지 만들어 항공기로 물자를 수송했다. 베트남군이 여기까지 무기를 옮기기 어려웠던 까닭에 전세는 압도적으로 프랑스군이 유리해 보였다. 하지만 베트남군은 2개월간의 싸움을 통해 완전한 승리를 쟁취했다. 베트남군이 어떻게 이 기지를 함락할 수 있었을까? 이는 잡 장군의 저서 『인민의 전쟁·인민의 군대』에 상세히 기술되어 있다. 이 책은 쿠바혁명을 성공시킨 체 게바라의 『게릴라 전쟁』과 함께 게릴라 전략 및 전술의 교과서로 꼽힌다. 여기에 이런 내용이 나온다.

"한 군데 거점에 부대를 집결시키면 절대적인 주도권을 획득해 적을 격파할 수 있다. … 적의 유리한 지점을 무력화하는 한편, 적의 약한 면을 잘 이용해야 한다."

프랑스군 기지는 산으로 둘러싸인 분지에 있었다. 여기에 병사 1만 6,000명이 진을 치고 28문의 대포도 배치했다. 베트남군은 정글을 뚫고 33개의 보병대대, 6개의 포병연대, 기계화대대 1개 연대를 집결해 프랑스군의 5배에 달하는 병력으로 포위 작전을 벌였다. 잡 장군이 저서에서 기술한 대로 부대를 집결시킨 것이다.

베트남 병사들은 주변 산악지역에 수백 킬로미터의 참호를 판 뒤 산허리에 길을 뚫어 정글을 헤치고 운반해온 대포 48문을 산 위까지 끌어올렸다. 대포에 줄을 연결해 여러 사람이 끌고 간 것이다. 줄이 끊어지면 병사 하나가 대포 바퀴 아래로 몸을 던져 대포가 굴러떨어지는 것을 막았다. 적의 포안(사격을 위해 방벽에 뚫어 놓은 작은 구멍)을 자기 몸으로 막은 병사도 있었다. 이를 보고 과거 일본군을 떠올릴 수도 있겠지만, 분명히 다른 점은 "누구를 위해, 무엇을 위해 싸웠느냐" 하는 것이다.

잡 장군이 사망하고 이틀 뒤 나는 디엔비엔푸를 찾았다. 하노이 서쪽을 향해 프로펠러기로 1시간을 날아가 산골짜기에 있는 공항에 내렸다. 여기서 라오스 국경까지는 불과 약 32㎞다. 지금은 인구 3만 명이 살고 있는데, 거리가 내려다보이는 언덕 위에 전승기념비가 세워져 있다. 병사들이 깃발을 흔들고, 만세 하는 아이를 안고 있는 등의 모습을 표현한 동상이다. 시가지를 내려다보니 신작로가 한복판을 가로지르며 양쪽에 건물이 모여 있다. 건너편의 광활한

논지대는 가랑비에 초록빛이 흐릿해 보이고, 그 너머에 정글이 있다.

거리를 걷는 사람들, 특히 여성들은 민속의상을 입은 이가 많다. 온통 새카만 옷을 입었거나, 최소한 검은색 스커트 차림이다. 이 부근은 흑타이족이라는 소수민족의 거주지다. 뒷골목으로 들어가니 고상식高床式 집들이 늘어서 있다. 그중 한 곳에 들어가 보았다. 베트남전쟁 시절 민병대 중대장이었던 라 반 푸온의 집이다. 고상식 이층집에 판자를 대놓았고, 숙성주가 담긴 병이 20개 정도 늘어서 있다. 벽에는 전쟁 중에 받은 감사패를 걸어 놓았다. 현재 농업에 종사하는 그는 무논에서 쌀을 이모작하고 있다. 딸은 교육대학에, 아들은 고등학교에 다닌다. 이런 지방 마을에서 자녀가 고등교육을 받을 수 있다니, 과연 베트남이다.

누구를 지키는 군대인가

큰길가에 전쟁기념관이 있다. 지금은 개축 중인데, 이듬해인 전승 60주기에 잡 장군을 초청해 준공식을 거행할 예정이었다. 관내에는 프랑스군과의 결전 당시 사용한 무기와 사진 등이 전시되어 있다.

전시물 가운데 자전거를 발견했다. 자전거 1대에 6개의 쌀 주머니와 10리터의 물까지 총 370kg의 짐을 정글을 지나 전장으로 실어 날랐다. 예전에 스모선수로 활약한 고니시키 몸무게의 약 1.5배에 달하는 무게다. 물론 자전거에 사람이 타고 페달을 밟지는 않았다. 대신 핸들에 긴 대나무를 붙들어 매고 많은 사람이 일렬로 늘어서서 당겼다. 인해전술을 그림으로 그려놓은 것 같은 양상이다. 이렇게까지 해서 식량과 물자를 운반할 거라고 유럽인들은 생각조차 못 했을 것이다.

강을 건널 때는 판자를 다리처럼 사용했다. 녹색의 베트남 인민군복을 입은 젊은 병사 10여 명이 이곳을 건넜다. 그들은 군화가 아닌 샌들을 신었는데, 격추한 미군기 타이어로 만든 것으로 호찌민 샌들이라 불렸다. 군화가 아닌 샌들이라니 왠지 발이 편했을 것 같다.

개울가에는 파괴된 기관총 받침대가 남아 있다. 이 개울을 둘러싼 공방이 디엔비엔푸 전투의 정점 중 하나였다. 그 앞에는 지하에 만들어놨던 프랑스군 총사령부 유적이 고스란히 남아 있다. 작전실과 사령관실의 책상도 그대로다.

*
디엔비엔푸 전투 당시의 프랑스군 사령부 유적에 선 필자.
= 2013년 10월, 베트남 서북부 디엔비엔푸

지상 부분은 철판을 비닐하우스 지붕처럼 덮고 모래주머니를 쌓아뒀다. 그야말로 야전사령부 같은 느낌이다. 지금은 박물관이 되어 당시의 모습을 전한다.

입구 매점에서 잡 장군의 사진집을 팔고 있다. 대충 훑어보는데 결전이 끝난 직후 전장의 풍경이 눈에 들어온다. 잡 장군의 술회도 곁들여져 있다.

"진지에서 먼 곳을 바라보다가 느닷없이 지금 당장 수행해야 할 중대한 임무가 떠올랐다. 이곳을 그대로 보존해야 한다. 농민들이 가을 수확 때 쓸 수 있도록."

군인, 그것도 사령관이라면 잠깐이나마 승리의 기쁨을 만끽하는 것이 당연하다. 제2차 세계대전 이전의 일본군이나 지금의 미군이라면, 머릿속에 훈장을 떠올리며 샴페인으로 건배하고 있었을 테다. 하지만 잡 장군은 달랐다. 그는 기쁨을 만끽하는 대신 이후 농민의 삶을 생각했다. 이 전쟁이 누구를, 그리고 무엇을 위한 것이었는지 정확하게 이해하고 있었기 때문이다. 잡 장군은 그런 군인이며, 베트남전쟁 또한 그런 전쟁이었다. 민족의 독립과 자치를 요구하며 일부 권력자가 아닌 이름 없는 민중을 위해 싸웠다. 바로 그렇기에 사람들도 목숨을 걸고 투쟁해 초강대국 미국을 상대로 승리를 거둘 수 있었다.

오키나와에서 전쟁 중에 일본군이 벌인 행동을 들어보면, 방공호에 있던 주민들을 공습이 이뤄지는 바깥으로 내쫓고 병사들이 차지했다든지, 말라리아가 만연한 정글에 주민을 강제 소환한 것도 모자라 식량까지 강탈했다는 등 군대가 끼친 피해를 자주 접하게 된다.

시바 료타로도 같은 체험을 이야기한 적이 있다. 그는 도쿄 교외의 전차부대에서 근무했는데, 종전을 맞이하려는 찰나 명령 하나가 하달됐다. 미군이 도쿄만에 상륙하면 부대가 황궁을 지켜야 하니 도심으로 진군하라는 것이었다. 이에 그의 상관은 "그런 사태가 벌어지면 도심에서 교외로 피난하는 사람들로 도로가 가득 차 전차가 움직일 수 없지 않겠습니까?"라고 질문했다. 그러자 대본영에서 온 참모가 "황군에 거스르는 놈은 국민이 아니니 뭉개고 가버려!"라고 답하더란다. 구 일본군이 지켜야 할 것이라고는 천황제와 군대뿐이었던 것이다. 베트남은 미군에 승리하고 일본은 패배했다. 그 결정적인 이유가 바로 여기에 있다.

새로운 출발

여성 결사대

이전 베트남 여행에서는 중부를 방문했었다. 하노이에서
남쪽으로 향하는 항공편을 타고 1시간 15분을 비행한 뒤
다낭에 착륙했다. 그대로 차를 타고 해안선을 따라 북상해
150km 떨어진 후에에 도착했다. 이 지역은 일본의 교토 같
은 고도古都다. 19세기 응우옌阮 왕조의 황제가 이 지역을
수도로 삼고 1945년 호찌민 혁명정권에 의해 멸망하기까
지 베트남 정치·문화의 중심지였다. 이름부터 우아한 대
하인 흐엉香강이 도시 한복판을 가로지른다. 흰 아오자이
를 입고 사초로 만든 삿갓을 쓴 여성이 작은 배를 타고 노

를 짓는다. 흰색은 이 도시의 특징이다. 일단 해변이 백사장이고, 거리를 걷는 여성 중에도 흰 아오자이 차림이 많다.

강에 접한 구시가지에는 해자로 둘러싸인 화려한 왕궁이 솟아 있다. 해자 수면에 연꽃이 피어 있고, 중후한 느낌의 돌다리와 장려한 돌문을 지나면 좌우로 궁전 건물이 줄지어 있다. 궁전의 지붕 장식은 대개 중국풍의 곡선을 띠고, 벽 부조에서도 용이나 봉황 등 중국 문화의 영향이 드러난다. 시가지에는 사찰이 100개나 된다는데, 그러고 보니 이곳저곳에 사원과 탑이 서 있다.

아무리 봐도 한가로운 문화의 거리지만, 베트남전쟁이 격화한 1968년 구정에 바로 이곳에서 북베트남 인민군과 남베트남 민족해방전선이 미군을 상대로 대공세를 펼쳤다. 이른바 구정 공세다. 이것이 베트남전쟁 최대의 전기가 되고, 세계적으로 반전운동이 일어나 미군 후퇴로까지 이어진다.

당시 대부분 10대 여성으로 구성된 11명의 결사대가 조직됐는데, 강의 이름을 따 "흐엉강 분대"라 불렸다. 그중 6명은 전사했지만, 그들의 활약은 지금까지도 전해진다. 결성 당시의 유명한 사진이 박물관에 있다. 군복에 군모를 쓰고 자동소총을 어깨에 멘 채 정렬한 모습이다. 특히 오른쪽에서 두 번째 대원의 얼굴이 유난히 천진난만하다. 눈을 내리뜬 얼굴이 영락없는 문학소녀다. 그 여성이 지금도 후에에 살고 있다고 한다. 호안 디 노, 이제 63세가 된 그를 만나보기 위해 시내에 있는 자택을 찾았다. 그는 검은 반소매 차림으로 나를 맞았다. 가늘고 긴 눈매에 침착한 인상이 사진과 겹쳐 보였다.

*
11명의 여성 결사대 중 하나인 호안 디 노(왼쪽)와 통역을 맡은 빈(오른쪽).
= 2013년 3월, 후에

호안 디 노는 16세가 될 때까지 베트남 여성들이 즐겨 쓰는 갓을 만들어 팔면서 중학교 학비와 생활비를 조달했다. 갓 뒤쪽에는 자작시를 적어 팔았다고 하니 예상대로 진짜 문학소녀였다. 그가 "어릴 적부터 주위에 미군이 있었어요. 처음엔 싫어하지 않았는데, 독립을 염원하는 베트남 사람들을 죽이는 걸 보니 분노가 끓어올랐어요. 그래서 미국과 싸워 침략자를 몰아내야겠다는 생각이 들었습니다"라고 말했다.

그가 해방군 유격대에 들어간 것은 17세 때다. 구정 공세가 있기 1년 전, 10대 여성들로 결사대를 조직한다는 이야기를 듣고 지원했다. 결사대 임무는 공세를 앞두고 적의 상황을 관찰해 효과적으로 공격할 수 있도록 정보를 수집하는 한편, 공격이 시작되면 주력부대를 선도해 시가지로 진입하는 것이었다. 남성이라면 거리에 있는 것만으로도 의심을 사 경찰과 군대의 검문을 받지만, 여성은 눈에 잘 띄지 않았다. 하지만 수상하다고 여겨지면 바로 체포되어 극심한 고문을 받을지 모르는 위험한 임무였다.

그들은 소련제 칼라시니코프 자동소총을 지급받고 정글에서 사격훈련을 했다. 훈련을 마친 뒤에는 평소처럼 거리에서 갓을 팔면서 미군의 동향을 살폈다. 그리고는 우산 안쪽에 활동 보고를 적어 손님으로 위장한 해방군 병사에게 넘겼다. 그들이 넘긴 정보를 근거로 베트남군은 작전을 세우고 시내 이곳저곳에 무기를 숨기며 준비했다.

공격이 개시되자 호안 디 노는 북베트남 정규군을 안내해 시가지로 진입했다. 처음 26일 동안은 후에를 점령할 수 있었지만, 미군이 폭격기와 전차를 동원해 탈환 작전을 벌였다. 호안 디 노와 동료들은 시장과 경기장 주변에 참호를 파고 박격포와 대전차포로 응전했다. 또한 다친 병사들을 보트에 태워 후방으로 이송했다. 격렬한 시가전이 전개되어 동료 가운데 2명이 전사하고, 이후 4명이 희생됐다. 그들은 모두 시내 묘지에 잠들어 있다.

전후에는 제대군인 모임과 재향군인회, 부인회에서 활동했다. 여성의 사회활동 참여를 촉구하며 부인회 회장을 퇴직한 뒤에는 6년 전부터 연금을 받아 생활하고 있다. 그는 마지막까지 차분한 어조로 다음과 같이 말했다.

"전쟁이 싫어요. 지금도 이라크 등 세계 곳곳에서 전쟁이 일어나면, 베트남의 과거를 떠올리며 전쟁이라는 상황에 놓인 사람들의 고통을 통감하죠. 세계가 평화로워지고 누구나 평등하게 살 수 있는 사회를 희망합니다."

호안 디 노의 남편은 인민군 소좌이고, 딸 둘과 손자 둘을 두었다. 이제 그는 평온하게 지내고 있다.

자유 베트남 행진곡

호안 디 노의 이야기를 듣고 나서 감사의 인사로 동행한 사람들과 베트남 노래를 불러줬는데, 그중 하나가 "자유 베트남 행진곡"이다.

젊은 우리 인민을 위해

희망의 길을 연다

자유의 나라를 되찾을 때까지

굳건히 싸우는 우리

노예처럼 혹사하는 자

점령자를 물리쳐라

해방된 나라를 만드는 우리는

젊은 베트남의 병사!

- 작곡: 도안 콴 하이, 번안: 세키 다다스케

내용은 그대로지만 일본인에게 맞게 곡을 바꿨고, 가사도 일본말 어조에 맞춰 불렀다. 이 노래는 베트남전쟁에 앞서 치러진 1941년 항불전쟁 당시 만들어졌다. 최초의 인민군 21명이 프랑스를 몰아내던 시점에는 50만 명으로 불어나 있었다. 지금도 이 노래는 인민군 행사에서 반드시 불린다.

닌자의 눈물

그밖에 베트남전쟁을 노래한 "전차는 가지 않는다"라는 곡이 있다. 미군은 전투에서 파손된 전차를 일본 가나가와현의 미군 사가미하라 보급창에서 수리해 전장으로 돌려보냈다. 1972년 8월 전차를 실을 트레일러 앞에서 시민 100명이 연좌농성을 하며 통행을 저지했다. 다음 날에는 원폭·수폭 금지 세계대회에 참석하기 위해 방일한 베트남 대표까지 가담해 "여러분이 흘리는 땀방울이 베트남 인민의 희생을 막는다"라고 목청을 높였다. 이후 수천 명의 시민이 100일에 걸쳐 전차를 막았다.

"사가미하라…"라고 말하던 통역사 빈의 눈에 눈물이

고이기 시작했다.

"일본 정부가 미국과 한 몸이 되어 우리를 가장 괴롭혔을 때 일본 시민이 몸을 던져 보여준 연대의 마음이 얼마나 기쁘고 용기를 줬는지 모릅니다."

술회를 이어가던 그의 눈에서 굵은 눈물방울이 흘러내렸다.

베트남이 일본에 파견한 최초의 교환 유학생인 그는 와세다대학에서 일본 근대사를 공부해 석사학위를 받았다. 당시는 메구로구 고마바의 외국인 학생 기숙사에서 지냈다. 일본어 실력이 뛰어나 일본과 베트남의 수뇌회담 때 무라야마 도시미치 총리의 통역을 맡은 적도 있다. 1995년 내가 『관광코스가 아닌 베트남』이라는 책을 쓰기 위해 베트남에 취재하러 갔을 때 통역을 맡아준 것도 그였다.

그는 한때 다낭의 특수부대 소속 베트남해방군 병사로 복무하기도 했다. 그가 남베트남 수도였던 사이공에 잠입한 것은 해방군이 대통령 관저로 돌입하기 3년 전의 일이다. 인력거와 택시를 운전하며 적의 동향을 살피고, 모래사장을 정찰하다가 적에게 붙잡힐 뻔한 위험에 처해 이틀이나 모래 속에 몸을 숨기기도 했다. 모래사장에 설치된 지뢰가 폭발해 폭풍에 날아간 적도 있다. 적의 기지에 있는 우물 숫자를 파악하기 위해 머리에 물풀을 뒤집어쓰고 바다에 들어가 염탐하기도 했다. 마치 닌자 같다.

"제가 지원해서 들어갔어요. 가장 위험한 작전을 전담하는 조직이어서 용기와 애국심이 없었다면 임무를 완수할 수 없었을 거예요. 위험에 닥쳐도 의논할 사람이 없으니 현 상황에서 과연 무엇이 필요할지 스스로 판단해야 했죠. 마른 고구마와 강물을 마시면서 버텼고요."

그는 하노이 교외 농촌에서 형제가 10명이나 되는 빈한한 가정에서 태어났다. 중학생 시절 미군이 북베트남 폭격을 개시했는데, 그는 "미국은 왜 이런 파괴활동을 하는 걸까? 나쁜 침략자들을 몰아내야겠다"라고 생각했다. 이때 형제들 가운데 2명이 전사했다.

베트남전쟁 중 남베트남 정부군에 깊숙이 침투해 첩보활동을 한 해방군은 셀 수 없이 많았다고 한다. 경찰 사무국장도 인민군의 첩보원이었다. 남베트남 정부의 고문 보좌관도 호찌민이 침투시킨 인물이었다. 사이공 함락 직전에 남베트남 공군이 해방구를 폭격하려 했을 때 그중 한 대가 유턴해 대통령관저를 폭격했다. 조종사가 원래 해방군 병사였던 것이다.

2018년 베트남의 응우옌 곡 기자가 일본을 방문했다. 그는 베트남전쟁 중에 유명했던 호찌민 로드와는 별개로 '바다의 호찌민 로드'라 불리던 선박 운송 루트가 존재했다는 사실을 밝혔다. 베트남전쟁에서 알려지지 않았던 일들이 아직도 많다.

이 노래입니다!

"전차는 가지 않는다" 외에 사가미하라를 노래한 또 한 곡이 있다. 요코하마 시민이 전차를 멈춘 이듬해인 1973년 여성문화대표단의 일원으로 일본에서 북베트남을 방문한 이가 가수 요코이 구미코다. 그는 남베트남 국경 근처까지 가 고사포부대 병사 40여 명 앞에서 이 노래를 불렀고, 젊은 병사들은 박수로 화답했다. 수도 하노이의 극장에서도 불렀는데, 박수치는 이들 중에는 보 응우옌 잡 장군도 있었다.

이후 극장에서 부른 노래가 녹음되어 유선방송에서 뉴스와 함께 흘러나왔다. 아직 라디오도 보급되지 않았던 시절에 북베트남 전국 마을의 확성기에서 요코이의 노랫소리가 크게 울려 퍼졌다. "사가미하라"는 일본 시민과의 연대를 표현하는 단어로, 베트남 사람들의 마음에 새겨졌다.

그중 한 사람이 찬 혼 리엔이다. 베트남전쟁 당시 15세였던 그는 소아마비로 몸을 움직이지 못한 채로 확성기에서 흘러나오는 노래를 들었다. 의미를 전해 듣고 반복해 따라 부르던 사이 일본어 실력이 늘어 독학으로 일본어를 공부했다. 지금은 후에에서 일본어 교실을 운영하고 있다. 그는 일본인을 만날 때마다 혹시 이 노래를 부른 가수를 아느냐고 물었다. 겨우 요코이임을 알아내고 연락처를 수소문해 그에게 메일을 보낸 것이 노래를 처음 듣고부터 33년이 흐른 2006년이었다.

"이 노래입니다. 이 노래예요. 지금 이 노래를 들으며 울고 있어요. 저는 찬 혼 리엔이라고 합니다."

돌연 베트남 여성으로부터 전해진 메일을 보고 요코이는 눈이 휘둥그레졌다. 그리고 이듬해 리엔을 일본으로 초대했다. 이후 지금까지 리엔의 일본어 교실 수업료를 지원하고 있다. 2003년부터는 매년 베트남을 방문해 콘서트도 열었다.

과거 남베트남 수도였던 사이공은 지금 호찌민시가 되었다. 시내에는 베트남전쟁을 전하는 전쟁박물관이 있다. 이 한구석에 2018년 '요코이 구미코 코너'가 신설됐다.

호안 디 노와 헤어진 우리는 자동차로 국도 1호선을 따라 북쪽으로 올라갔다. 이윽고 큰 강과 맞닥뜨렸다. 폭 150m의 벤하이강이다. 북위 17도선을 기준으로 베트남을 남과 북 2개의 나라로 나누는 국경이 이 강이었다. 그 남쪽에는 지금도 남베트남정부군의 감시탑이 남아 있다. 철교지만 교각 위에는 나무판을 댄 히엔르엉 다리가 양쪽을 잇는다. 걸어서 북쪽으로 가보니 직경 1m나 되는 거대한 스피커가 길가에 놓여 있다. 전쟁 당시 북쪽 정부가 이 스피커로 남쪽을 향해 선전방송을 했다. "조국을 통일하자"라는 호소나 민속음악을 크게 내보냈다고 한다. 요코이의 노래도 이런 대형 스피커를 통해 흘러나왔을지 모른다.

출발!

통역을 맡은 빈이 현재 베트남 상황에 관해 이야기하기 시작했다.

"베트남은 원래 농민의 나라입니다. 농민은 작물의 10%를 나라에 세금으로 납부하죠. 농지는 국유이지만, 국가가 농민에게 50년간 임대하는 구조예요. 주택지는 개인 소유이고요.

이전에는 국가가 국민 생활을 전부 감싸 안는 바오 껍 제도라는 시스템이 있었습니다. 예컨대 식량이나 생필품은 배급했죠. 그러나 경제발전과 더불어 이 제도를 유지하기 어려워졌어요. 국영기업도 경영이 제대로 되지 않으면 도산해 버리거든요. 지금은 민영기업이 늘어나고 있어요.

현재 베트남 노동자의 최저임금은 미국 달러로 50~70 달러입니다. 4인 가족이 생활하려면 한 달에 400~500달러가 필요해요. 베트남 통화는 동VND인데, 맥줏집에서 마시는 맥주가 한 병에 2만 동이에요. 일본 엔JPY으로는 100엔 정도죠.

최근 10년간 국가가 가장 많이 투자한 분야가 교육입니다. 초등학교 5년, 중학교 4년, 고등학교는 3년인데요. 아이들의 95%가 고등학교에 진학해요. 교육은 무상인데, 사립은 유상입니다. 도시는 여건이 좋지만, 지방은 소수민족이나 부모를 따라 수상생활을 하는 아이들이 학교에 가지 않아 문제가 불거지기도 합니다."

전쟁이 끝난 뒤에도 국가 발전과 관련한 이런저런 문제들이 산적해 있다. 하나같이 만만찮은 문제지만, 그래도 베트남 사람들의 얼굴은 밝다. 초강대국을 상대로 당당하게 싸워 결국 승리했다는 자부심이 있기 때문이다. 그토록 험난한 시대를 살아냈으니 앞으로 어떤 상황이 벌어지더라도 극복할 수 있다는 자신감이다. 이는 전쟁에서 미국에 진패배감에 사로잡혀 불평등한 지위협정에 따라 미국의 식민지 취급을 받는 일본과 크게 다르다. 자립과 활력 면에서 일본은 베트남 사람들에게 배울 점이 많다.

베트남과 일본은 사실 닮은 점도 꽤 있다. 두 나라 모두 남북으로 길게 늘어진 국토에 산이 많고 평야가 적다. 면적에 비해 인구가 많다는 점과 근면한 국민성 또한 닮았다. 농촌의 초가집이나 계단식 논, 젓가락을 사용하고 주식으로 쌀을 먹는 식생활 등도 공통적이다. 베트남어와 일본어는 완전히 다르게 들리지만, 이 또한 알고 보면 비슷하다. 말소리에 억양이 많아 노래나 새의 지저귐처럼 들린다. 문법은 달라도 공통되는 단어도 많다. 두 언어 모두 중국 한자를 기원으로 하기 때문이다. 한자로 고쳐 보면 의미를 알 수 있다.

베트남의 베트는 "월越", 남은 "남南이다." 베트남과 옛난. 비슷하지 않은가? 수도 하노이의 하는 "하河," 노이는 "내內"다. 두 개의 강에 둘러싸인 땅이라 이런 이름이 되었다. 일본어로 읽으면 "카나이"다. 하노이와 카나이. 이 또한 비슷하다. 일본어 "아리가토우"를 베트남어로 하면 "카무안"이다. 완전히 다르다고 느낄지도 모르지만, 카무는 "감感," 안은 "은恩"이다. '당신의 은혜를 느껴요'라는 의미다. 일본어로 읽으면 "칸온"이니 카무안과 똑 닮았다. 지금은 한자를 쓰지 않고 로마자 표기를 사용하니 바로 통하지는 않으나 주의 깊게 보면 유사성을 발견할 수 있다. 도로의 교통표식에는 "CHU-Y"라고 적혀 있다. 의미는 말 그대로 "주의"다.

이렇게 보면 일본과 베트남은 한자 문화로 통하는 형제임을 알 수 있다. 또 한국어로는 "아리카토우"를 "감사합니다"라고 하는데, 한자로 쓰면 "감사感謝"다. 감사와 일본어 독음의 "칸샤". 그렇다. 일본과 한국, 베트남은 모두 친척이다. 중국이라는 거대한 역사를 가진 부모에게서 독립해 독자적인 문화를 만들었다는 점에서도 공통된다. 그러니 서로 사이좋게 지내는 게 어떨까?

버스에 탄 빈이 입을 열었다. "슛팟!" 그렇다. 출발이다. 함께 어깨를 걸고 발전해가기 위해 새롭게 출발하자.

미군기지도 원전도 없었다
필리핀

*

경제적으로 어려울망정 아이들의 얼굴은 밝다.
= 2012년 6월, 마닐라 바세코 지구

원전과 군사기지는 오늘날 일본이 안고 있는 두 가지 큰 문제다. 후쿠시마 제1원전이 큰 사고를 일으켜도 정부는 원전에 매달려 전국의 원전을 재가동하려 한다. 외국군의 기지가 이렇게나 많고, 수도 상공의 관제권조차 타국에 양도한 독립국이 세계에 또 어디 있을까?

이렇게 보면 뭘 하든 원전도 군사기지도 없애지 못할 거라는 체념 어린 답이 돌아올 수도 있다. 하지만 그렇지 않다. 일본의 정치 현실을 보고 있으면 암울한 기분이 드는 것도 무리는 아니다. 하지만 일본만 보고 있으니 비관적인 마음에 빠지는 것이다. 세계는 다르다. 군사기지를 없애고 원전을 없애 자연에너지를 향해 나아가고 있는 것이 세계적 흐름이다. 일본을 바라보며 절망하던 사람도 세계를 정확하게 보면 군사기지도 원전도 없앨 수 있음을 깨닫고 희망에 들뜨게 된다.

실제로 원전도 미군기지도 없앤 나라가 존재한다. 같은 아시아의 필리핀이다. 거액의 자금을 투입해 건설한 원전을 한 번도 사용하지 않고 폐로했다. 그리고 자연에너지 대국이 되었다. 나아가 동남아시아 최대였던 미군의 해군기지와 공군기지를 지위협정에 근거해 쫓아냈다. 일본이 할 수 없는 일들을 아시아의 작은 나라가 멋지게 해낸 것이다.

제1절

미군기지를 몰아내다

어떻게 실현할 수 있었나

필리핀을 동남아시아의 가난하고 뒤처진 개발도상국이라고 깔보는 사람이 있는데, 당치도 않다. 필리핀 국민은 과거 '피플파워'라 불리는 시민의 힘으로 독재정권을 쓰러뜨렸다. 일본만큼의 '국력'은 아니라도 일본을 아득하게 뛰어넘는 '시민의 힘'이 있다.

그 현장을 보고 싶었다. 어떻게 탈원전, 탈기지를 실현한 걸까? 어떻게 그것이 가능했을까? 일본에 참고가 될 만한 건 없을까? 찾아보자. 그런 생각으로 필리핀을 방문한 게 후쿠시마 제1원전 사고가 일어난 이듬해인 2012년 6월이었다. 그리고 2013년 1월에도 방문했다. 필리핀은 당시까지 3번, 기지 터도 2번이나 취재차 다녀온 적이 있어 나름 지리적인 지식도 있었다.

모처럼 현지를 방문하는 김에 도쿄 후지국제여행사를 통해 여행 동료 모집을 부탁했더니 홋카이도에서 오사카에 이르는 다양한 출신지의 11명이 모였다. 개중에는 후쿠시마 원전 사고의 영향으로 핫 스폿이 된 지역에 사는 전직 교사 2명도 있었다. 지바현에 사는 마치다 노리코와 사이타마현의 호리구치 아키코다. 사이타마 출신인 오가와 가즈오는 평화를 위한 전쟁 전시회를 주재하고 있었다. 홋카이도의 나스 노치하루는 "원자로 안을 들여다보고 싶어요. 반환된 기지 터가 어떻게 됐는지 흥미가 생기네요"라고 했다. 정말 폐로된 원자로 안에 들어가 볼 수 있을지 모르겠지만, 나 역시 가능하다면 가보고 싶었다.

수도 마닐라에 도착할 때까지가 힘들었다. 태풍 시즌의 난기류 때문에 타고 있던 비행기가 크게 요동치면서 제트 코스터처럼 급상승과 급강하를 반복했다. 기내의 사람들은 비명을 질렀다. 나는 다시는 비행기를 타지 않겠다고 결심하는가 하면, 귀국할 때 배를 탈 수는 없을까, 아니 배는 더 흔들릴지도 몰라 등등의 생각을 거듭하던 끝에 5시간 뒤 마닐라공항에 내렸다. 나뿐만 아니라 모두 입을 꾹 다문 채였다.

도착하니 오후 1시가 넘었다. 숨 돌릴 겨를도 없이 그대로 버스를 타고 수비크로 향했다. 과거 미군기지가 있던 곳이다. 거기까지 가는 데만 4시간이 걸렸다. 이날 6월 12일은 필리핀이 스페인으로부터 독립한 기념일이다. 수도 중심부를 향해 쭉 뻗은 연도 양쪽 가로등에 국기가 걸리고, 차체를 극채색으로 장식한 버스가 요란하게 경적을 울리며 폭주족처럼 앞질러 갔다. 미군 지프를 합승버스로 개조한 지프니다.

겨우 호텔에 도착하니 벌써 밤이 되었다. 아침 9시에 나리타공항을 출발해 힘든 하루를 보낸 지 10시간. 기왕 이렇게까지 힘든 상황을 겪었으니 뭐든 철저하게 보고 가야겠다는 의욕이 생겼다.

반환된 미군기지는 지금

이 나라에는 예전에 아시아 최대의 미군기지인 수비크 해군기지와 클라크 공군기지가 있었다. 냉전시대에는 소련에 대항하는 아시아의 보루로서 대규모의 미군 병력이 주둔했고, 베트남전쟁 시절에는 전지로의 전선기지 역할을 했다. 그러나 1992년 두 곳의 기지가 미군으로부터 필리핀에 모두 반환됐다. 이는 미국이 스스로 반환한 게 아니라 필리핀 국민이 자신의 힘으로 이뤄낸 것이다. 그것이 지금은 어떻게 됐을까? 우선 현지를 살펴보자. 싱가포르 전체보다 넓은 면적의 부지를 차로 돌아봤다.

넓은 기지 터가 바다에 면해 있었다. 그 중앙에 자리 잡은 "CBZ(Centural Business Zone)", 즉 중앙비즈니스지구를 찾았다. 투박한 콘크리트 구조에 네모난 창고 같은 건물이 늘어서 있고, 벽에는 번호가 붙어 있다. 미군기지 시절 건물을 그대로 사용하고 있었다. "다시 지으면 비용이 들어서 재활용했다"라며 안내를 맡은 2명의 필리핀 NGO 활동가가 웃는다. 지금은 모두 쇼핑센터나 사무실 등의 상업시설이 되었다.

다음 구역으로 가보니 덤프와 삽차, 불도저, 크레인 등 건설기기가 줄지어 서 있다. 대충 둘러봐도 얼추 100대 이상은 돼 보인다. 죄다 살짝 꾀죄죄해 보이는 게 아무래도 중고품 같다. 고철로 쓰는 건가 싶었는데 그 반대였다. 일본과 한국, 타이완에서 쓰던 낡은 건설기기를 싸게 수입해 고장 난 부분을 수리하고 부품을 교체한 뒤 다시 도장해서 번쩍번쩍하게 광을 낸 다음 동남아시아 국가들에 수출한다. 말하자면 중고 건설기기의 재생센터다.

다음 구역에 이르니 돌연 깔끔하게 정돈된 경관이 펼쳐졌다. 넓은 길에 너무나도 청결한 공장들이 안쪽까지 이어져 있다. 어딘가 일본을 연상시킨다는 생각이 드는 것도 무리가 아니었다. 실제로 일본계 기업 전용의 공업단지였으니 말이다. 이곳은 수비크 테크노파크인데, 일본에서 진출한 25개사의 공장이 있었다.

기지 터는 4개 구역으로 나뉘어 있다. 산업지구, 레저지구, 소프트웨어 개발지구, 그리고 물류지구다. 기지가 반환된 1992년에 이 일대는 '자유항'이 되었다. 우선 건설된 것이 요트클럽인데, 왜 이런 부유층 대상의 시설이 우선했는지 흠잡진 마시길 바란다. 자금이 모이는 것부터 차례대로 지었을 뿐이니까. 해외로 규모를 넓히면서 유치를 위해 기울인 노력이 결실을 보아 타이완 기업의 마이크로칩 제조 공장이 세워졌다. 해변을 따라 구획된 레저지구에는 돌고 래쇼를 하는 수족관도 있다. 카마얀 비치라는 리조트를 만들어 고급호텔들도 들어왔다. 최대 기업은 세계 4위의 조선회사인 한국의 한진중공업이다.

물론 이 모든 일이 줄곧 순조롭게 진행된 것은 아니다. 항구와 공항을 이용하려고 들어왔던 미국의 항공물자 운송회사 페덱스는 이곳을 동남아시아의 허브로 사용했지만, 결국 기지 포화로 중국에 또 하나의 허브를 조성해야 했다. 아시아태평양경제협력체APEC 수뇌회담 개최에 맞춰 참석자들의 숙박을 위해 호화 호텔들이 대거 오픈했지만, 주요 인사 중 누구도 묵지 않았다.

언덕 위로 올라가니 기지 시절 탄약고였던 지역이 나왔다. 안내해준 도리는 "기지였던 시절 이곳의 위치가 극비였기 때문에 필리핀 노동자가 올 때는 눈가리개를 둘러야 했습니다"라고 설명했다. 이 일대에만 318곳의 탄약고에 436t의 탄약과 폭탄이 저장되어 있었다. 지면을 쌓아 올려 탄약고를 몇 개나 만들고 풀로 덮어 위장했다. 하늘에서 보면 그저 초원으로 보이도록 한 것이다.

＊
프렌치 레스토랑이 된 미군의 옛 탄약고.
= 2012년 6월, 수비크

그중 하나의 입구에 프랑스 국기가 걸려 있다. '이런 곳
에 웬 프랑스?'라고 생각했는데, 프렌치 레스토랑이었다.
과거의 탄약고가 그대로 레스토랑이 된 것이다. 나도 모르
게 미소가 지어졌다. 그렇다고 해도 말처럼 간단하지 않다.
탄약고 안에 유해물질이 보관된 경우도 있어서 오염 처리
가 문제라고 한다.

기지 시절보다 늘어난 노동자

기지 반환의 계기는 정치적 문제가 아니라 화산 분화 때문이었다. 반환이 이뤄지기 한 해 전인 1991년 6월, 기지 북쪽의 피나투보 화산이 분화했다. "20세기를 통틀어 세계 최대 규모의 분화"라 불렸는데, 분화구에서 나온 연기가 상공 $40km$까지 치솟았다. 당시 정부 피난센터에 수용된 피난민만 6만 명이 넘는다. 산기슭의 피해자들이 기지를 가로질러 피난하려 했지만, 기지 문을 잠가 버리는 바람에 먼 길을 돌아갈 수밖에 없었다. 이 일이 문제가 됐다. 당시까지 필리핀 정부는 "미군기지는 필리핀 사람들을 지키기 위해 있다"라고 말해왔지만, 그것이 거짓이었음이 드러났기 때문이다. 재해에서조차 필리핀인을 구하지 못하는데 전쟁이라도 일어난다면 더 말할 필요도 없었다. 그런 미군을 위해 광대한 토지를 제공할 필요가 있겠느냐는 국민감정이 분출했다.

필리핀과 미국은 미일안보조약과 닮은 안보조약을 맺었고, 기지협정도 존재한다. 그런데 마침 이 일이 일어난 때가 기지협정의 갱신 여부를 결정하는 시점이었다. 미군 측은 화산재가 높이 쌓인 클라크 공군기지를 포기하고, 수비크 해군기지는 계속 사용할 것을 요구했다. 하지만 필리핀 전국에서 기지 반환 요구 운동이 일어났고, 이 와중에 필리핀 국회가 열렸다. 결국 1표 차로 기지 반환이 결정됐다. 기지협정에 의하면, 미국과 필리핀 어느 쪽이든 유지에 동의하지 않을 경우 1년 뒤 철수하도록 정해져 있었다. 이에 필리핀 미군기지는 1년 뒤 모두 반환됐다. 이는 사실 미일안보조약도 마찬가지여서 일본 국회가 "더 이상 미군에게 토지를 임대하지 않겠다"라고 결정하면 미군이 원하더라도 1년 후 철수할 수밖에 없다.

기지 문제와 관련해 필리핀에서 또 다른 문제로 대두된 것이 그곳에서 일하던 노동자들의 생활이다. 당시 기지에는 4만 2,000명의 필리핀인이 일하고 있었다. 가족들까지 포함하면 약 30만 명이 기지에 의지해 살고 있어서 기지가 사라지면 수입도 끊기는 것이었다. 일본에서도 기지 반환 이야기가 나올 때마다 같은 문제가 불거진다. 이런 고민을 당시 30만 명이 안고 있었다는 이야기다. 생계를 위해 기지를 남겨두길 바라는 사람도 물론 있었다. 하지만 필리핀 시민운동은 일본인이 미처 떠올리지 못할 만한 적극적인 발상을 했다. 기지에서 4만 2,000명밖에 일할 수 없다면, 기지가 아닌 더 많은 고용 기회를 만들어 그 숫자를 늘리면 된다는 생각이었다.

수비크 기지 인근에 있는 올롱가포시 고든 시장의 제창에 따라 시민을 대상으로 기지 터의 재건 방안을 모집했다. 그 과정에서 채택된 것이 '프레다 재단Preda Foundation'이다. 프레다 재단은 당시까지 미군으로부터 필리핀 여성들을 지키는 활동을 해온 NGO였다. 그들은 미군을 상대로 성매매를 하며 생계를 꾸리거나 마약에 중독된 어린 여성들을 구하는 활동을 해왔다.

프레다 재단은 기지 터를 산업지구, 농업지구, 레저지구 등으로 정비하는 방안을 내놨다. 이는 대형 수송기가 이착륙할 수 있는 활주로를 갖춘 국제공항을 만들고, 군함 정박이 가능한 항구를 국제무역과 관광에 활용해 세계 기업을 유치한다는 장대한 규모의 프로젝트였다. 이 안에 따라 기지 터 재개발이 진행됐다.

처음 3년간은 힘들었지만, 마침내 효과가 나타났다. 5년 뒤 현지를 방문해보니 국제적인 수송회사의 거점이 되어 기지 터에서 일하는 노동자가 무려 6만 7,000명에 달했다. 기지 시절의 1.5배나 고용이 늘어난 것이다. 2010년에 방문했을 때는 한국의 조선회사와 타이완의 관광회사도 들어와 고용인원이 9만 명까지 불어났다.

그리고 이번이 세 번째 방문이다. 이번에는 무려 10만 명에 이르는 사람들이 일하고 있었다. 기지를 없앤 결과 기지시절의 2.5배나 되는 사람들이 폭음으로 고통받거나 위험하지 않게 됐다. 게다가 굴욕적인 외국 군대의 하청이 아니라 평화로운 산업에 종사하면서 긍지를 느끼며 살아갈 수 있게 됐다.

오나가의 전환

이런 이야기를 하면 "아니, 그건 필리핀이니까 가능한 일이지. 일본은 그럴 수가 없어"라고 말하는 사람들이 있다. 쉽게 포기하거나 부정적인 생각을 하는 사람들이 얼마나 많은지… 이런 풍토라면 "너희는 노예근성에 쩌들어 힘센 자에게 못 당하니 잠자코 따라"라는 소리를 들어 마땅한 것 아닐까?

이와 관련해 실례를 들어 보자. 오키나와에서는 주민운동에 의해 1976년 자탄의 비행장과 사격훈련장이 반환됐다. 그리고 이 부지를 효과적으로 활용한 결과 고용인원이 이전의 23배로 늘어났다. 우루마시의 통신소는 1973년에 97%, 1983년에는 나머지 전부가 반환되면서 고용인원이 기지 시절의 4명에서 2,431명으로 600배 이상 늘어났다. 보통 세계의 군사기지는 변두리에 있지만, 오키나와에서는 후텐마와 가데나 모두 시가지 한복판에 자리 잡고 있다. 기지가 있는 장소가 일급지인 것이다. 그러니 재개발하면 필리핀 이상으로 사람들이 모여들어 고용이 늘어날 것은 명약관화하다.

이런 사실을 알아차리고 정치 방향을 바꾼 것이 오키나와현 지사를 지낸 오나가 다케시다. 오나가는 원래 자민당 오키나와현 연합의 간사장을 역임하며 기지 유치에 앞장섰던 사람이다. 그런 그가 정책을 180도 전환해 기지를 없애는 방향을 택한 것이다.

2013년 1월 V-22 오스프리가 오키나와에 배치된 것에 분노하는 "NO OSPRY 도쿄집회"가 도쿄 히비야 야외 음악당에서 열렸다. 붉은 제킨zechin◦∞을 붙인 사람들로 무대

◦∞   운동선수나 경마용 말에 붙이는 번호 표지.

가 가득 메워졌다. 그들은 오키나와에서 온 41개 기초단체 수장과 의원들로, 오키나와 선출 국회의원까지 합치면 총 141명이었다. 거기서 모두를 대표해 인사한 것이 당시 오키나와 시장이던 오나가다. 예전에는 후텐마 기지 유치의 깃발을 흔들던 그가 "오키나와가 눈을 떴습니다. 이제 옛날로 돌아가지 않아요"라며 운을 떼더니, "전후 오키나와는 일본 정부에 대한 의리를 지켜왔습니다. 전 국토의 0.6% 정도밖에 안 되는 땅에서 무려 74%를 미군기지에 내줬어요. 앞으로는 오키나와 전역에서 기지 정비와 축소를 호소하려 합니다. 오키나와 주민은 기지로 먹고사는 게 아니에요. 미군기지는 경제 발전을 저해하는 요인입니다"라고 못 박았다. 그러더니 새삼 단호한 어조로 "오키나와가 일본에 어리광을 부리는 걸까요? 아니면 일본이 오키나와에 어리광을 부리는 걸까요?"라며 물음을 던졌다. 답은 분명하다.

이는 오나가의 전환점을 여실히 드러내는 기회였다. 이때 이후로 그는 물러섬 없이 인생을 걸고 병마로 스러지는 날까지 기지 반환을 위해 온 힘을 다했다. 이런 그의 자세는 오키나와 발전을 위해 최선을 다했다는 점에서 일관된다. 물론 어린 시절부터 오키나와 전투의 비극을 들으며 자란 탓에 유난히 평화를 희구하는 마음이 강하기도 했으리라. 하지만 전환점을 맞게 된 주요 요인은 기지가 오키나와 경제 발전에 공헌한다고 여겼던 믿음이 틀렸으며, 오히려 없는 쪽이 더 낫다는 사실을 깨달은 것이다. 필리핀은 이를 이뤘을 때의 결과를 앞장서 보여줬다.

필리핀에서 쫓겨난 미군은 그 뒤 집요하게 기지화를 노렸다. 남부 민다나오섬의 이슬람 게릴라를 토벌하는 데 손을 빌려달라면서 1999년에 방문부대 지위협정VFA을, 2001년에는 상호군수지원협정MLSA을 맺어 특수작전부대를 만다나오섬에 배치하거나 공동 군사훈련이 가능한 환경을 조성했다. 그리고 남사군도 영유권 문제가 불거지자 중국의 위협으로부터 필리핀을 지켜주겠다고 호언장담했다. 하지만 이미 필리핀 국민은 기지를 미군에 대여해 줄 생각이 없었다.

욕심쟁이 기금

수비크 기지 터에서 활동하는 필리핀 시민단체 관계자들

을 한꺼번에 만났다. 수비크 메트로 네트워크라는 연대조직에 가입한 민간비영리기구NPO의 리더들이다.

네트워크 대표인 알바는 지역 여성 모임의 대표이기도 하다. 모임은 미군기지가 있었던 1987년에 발족했다. 바에서 일하는 여성이나 성매매 여성에게 인권 학습의 기회나 생활에 관한 조언을 제공하며, 배우자에게 폭행당한 여성을 구조하는 활동도 한다.

펠튼은 아메라시안협회의 리더다. 미국인과 아시아인의 혼혈인데, 이 지역에서는 미군 아버지와 필리핀인 어머니 사이에서 태어난 아이를 아메라시안Amerasian이라 부른다. 필리핀에만 5만 명이 있는데, 그중 8,000명이 올롱가포 시에 산다. 펠튼도 그중 하나로, 미군이었던 부친의 얼굴을 알지 못한다.

에프렌은 선주민인 아에타족 공동체에서 평의원을 맡고 있다. 아에타족은 흑갈색 피부를 한 산악 민족이다. 그들은 미군기지가 있던 시절 기지 쓰레기장에서 일했는데, 쓰레기의 유해성을 모른 채 일했기 때문에 호흡기계 질환에 걸린 사람이 많다. 수은이나 PCB, 납, 석면 중독 등이 심하지만, 이와 관련해 미국 정부는 아무런 방안을 내놓지 않고 있다. 피해가 발생했다는 것조차 미국 NGO의 조사로 처음 알았을 정도다.

벤저민은 노동조합 활동가다. 한국에서 진출한 조선회사 한진중공업의 노동자였지만, 지금은 부당해고 소송을 제기한 상태다. 한진중공업은 안전을 무시하고 작업을 진행해 2007년 진출 이후 5,000건의 사고가 일어나 32명의 사망자가 나왔다고 한다. 그는 "위험한 부서에서 일했는데, 겨우 최저임금만 받았어요. 8시간 일해 고작 330페소를 받았죠. 하루 식비로 사라지는 금액이에요. 회사는 그렇게 큰돈을 벌면서…"라고 말했다.

'욕심쟁이 기금'이라는 이상한 이름을 가진 NPO도 있다. 안내해준 도리가 그 멤버였다. 수비크 해군기지 옆 올롱가포시의 빈민가 아이들에게 교육과 음식을 제공하며 보살핀다. 단지 돈이나 식량을 나눠주는 게 아니다. 아이들이 쓰레기산에서 재생 가능한 것들을 골라오면 먹을 것과 교환해준다. 교육의 기회가 없었던 부모들을 교육하거나 여성이 스스로 생계를 꾸리도록 미용사나 네일아티스트 직업훈련도 하고 있다. 어떤 일이든 의욕적으로 하자는 의미에서 '욕심쟁이 기금'이라는 이름을 붙였다고 한다.

여러 가지 불만이 있고 생활도 힘들지만, 다들 잘 웃고 대화 중에 농담이나 유머도 곧잘 나눈다. 자기소개가 한 바퀴 돌고 나자 아에타족인 에프렌이 전통악기를 꺼내 연주를 시작했다. 왼손으로 피리를 불고 오른손으로는 북을 치면서 오른발로 원반 같은 것을 묶은 뭉치를 위아래로 흔들었다. 엄청난 재주다. 신나는 멜로디에 맞춰 그곳에 있던 모두가 노래하며 춤추기 시작했다. 낙천적이기 이를 데 없는 사람들이다.

클라크 공군기지 터

수비크 해군기지 터에 이어 클라크 공군기지 터를 찾았다. 이곳은 일본 기업이 물려받았다. 수출에서 가장 큰 업적을 기록한 것은 일본판유리의 자회사인 녹스로, 액정패널 수출액이 독보적이다. 2위가 한국 삼성 계열 반도체회사, 3위는 요코하마타이어를 제작하는 요코하마고무다. 총 500개가 넘는 기업이 진출해 있고, 그중 일본 기업은 두피 모발 관련 업체인 아데랑스 등 40개사가 조업하고 있다.

이곳은 공군기지였던 만큼 훌륭한 활주로를 갖추고 있

다. 제품을 만들면 곧장 세계 어디든 보낼 수 있는 공군기지의 이점을 살린 것이다. 그러나 수비크와 마찬가지로 모든 일이 순조롭게 진행된 것은 아니다. 녹스는 그 뒤 탈세 의혹이 불거져 다른 기업에 매각됐다.

클라크 공군기지는 제2차 세계대전 중 일본군 최초의 특공대가 출발한 곳이기도 하다. 당시 미군을 몰아낸 일본군은 이곳에 13개의 활주로를 건설했다. 그러나 전황이 악화함에 따라 개전 당시 1,600기였던 항공기가 40기밖에 남지 않았다. 적은 수의 항공기로 최대의 전과를 올리려는 발상에서 태어난 것이 가미카제 특공대로, 최초의 '지원자'는 24명이었다.

1944년 10월 맥아더 대장이 레이테섬에 상륙한 직후 동東비행장에서 항공기가 이륙했다. 그중 한 대가 미해군의 호위 항공모함 세인트로의 연료창고로 돌격했고, 항공모함은 대폭발을 일으키며 침몰했다. 항공기 한 대로 항공모함을 격침하는 전과를 올렸기에 이 비인도적인 전법이 그 뒤로도 이어지게 되었다고 한다.

특공대가 출격하던 장소에는 현재 기념비가 서 있다. 2002년 현지 필리핀인들이 세운 것으로, 콘크리트로 된 네

모난 벽 같은 형태다. 좌측에는 필리핀 국기, 우측에는 구 일본해군의 욱일기가 그려져 있다. 그 사이에는 "제2차 세계대전 당시 일본 가미카제 특공대가 최초로 이륙한 비행장"이라고 일본어로 적혀 있다. 클라크 공군기지에 있던 일본군 수비대는 3만 명이 넘었지만, 살아서 귀국한 건 1,230명뿐이다.

숙소로 돌아가는 코스는 해안선을 따라서 잡았다. 그곳에는 오스트레일리아군이 세운 손 모양의 기념비가 늘어서 있다. 전시 중에 일본군은 2만 2,000명이 넘는 오스트레일리아군을 포로로 잡았는데, 그중 민간인 700여 명이 포함된 1만 7,500여 명에게 강제노동을 시켰다. 그중 8,000명이 가혹한 처우에 목숨을 잃었다. 이 기념비는 그들을 추도하는 것이다.

강제노동이라고 하면 일본인은 소련의 시베리아 억류를 떠올리겠지만, 실은 일본군도 같은 짓을 했다. 중국과 한반도에서 연행한 사람들을 일본 탄광은 물론, 동남아시아 전쟁터에서도 강제노동을 시켰다. 이는 일본에서 거의 알려지지 않았다. 과거의 죄를 외면한 채 화해를 호소하면 반감을 불러일으킬 뿐이다. 무슨 일이 있었는지 제대로 알고,

사죄할 일은 사죄해야 한다.

그 근처에 또 하나의 기념비가 있다. 미국인 포로 1,500 명을 태운 일본군 수송선이 미군 폭격기에 격침된 것을 기리는 기념비다. 필리핀은 오키나와와 비슷하게 전쟁의 비극이 응축된 나라다. 수송선이 침몰한 곳이 바탄반도 앞바다다. 그 현장으로 가보자.

원전을 폐로하다

바탄 원전

수도 마닐라에서 서쪽으로 4시간을 차로 달리면 바탄반
도다. 제2차 세계대전 당시 일본군이 미군과 필리핀군 포
로를 학대한 것으로 악명 높은 '바탄 죽음의 행진'의 무대
다. 도로를 따라 $1km$쯤 지나 흰색의 사각 송곳 모양에 높이
1.5m의 표지판이 서 있다. 마치 묘표처럼 보이기도 한다.
표면에는 땅에 웅크린 포로와 금방이라도 쓰러질 것 같은
병사의 그림이 검은색으로 그려져 있다. 그 아래 "DEATH
MARCH(죽음의 행진)"라는 글자가 새겨져 있다. '죽음의 행
진' 기념비다. 여기서 일본군의 포로가 된 미군 1만 명과

필리핀군 7만 명이 불타는 태양 아래서 100km 이상 떨어진 수용소까지 행진하던 와중에 수많은 희생자가 발생했다. 걷다가 쓰러져 목숨을 잃는 사람도 있었다.

표지판을 따라 더 나아가니 바다에 면한 낭떠러지 위에 요새 같은 건물이 솟아 있다. 잿빛 콘크리트가 노출돼 있고, 창문은 하나도 없다. 외벽은 오랜 비바람에 노출된 탓에 너무나 황량해 보였다. 주변에는 금속망을 둘러놓아 사람을 함부로 들이지 않겠다는 강한 의지가 엿보였다. 이것이 필리핀 최초의 원전인 바탄 원자력발전소로, 건설되긴

*
바다에 면한 낭떠러지 위의 한 번도 가동되지 않고 폐로된 바탄 원전
= 2012년 6월, 바탄섬

했으나 한 번도 사용된 적 없이 폐로됐다.

그곳은 관광지이기도 해서 내부를 들여다보기로 했다. 입장료 150페소(300엔)를 내면 누구라도 들어갈 수 있다. 원전이 건설 중이던 1979년부터 관여해온 레이에게 미리 연락해 안내를 부탁했다.

안으로 들어가 처음 본 방은 창고처럼 휑한 느낌이었다. 높이 3m의 둥근 탱크가 있는데, 해수를 민물로 바꾸는 장치다. 근처 평상은 물에 잠겨 있다. 위를 올려다보니 평형추에서 물이 새고 있다. 좁은 철제 계단을 오르락내리락해 봤다. 두께 1m의 콘크리트 벽이 이중 구조로 되어 있고, 벽에는 두께 50cm의 두꺼운 철제문이 붙어 있다. 철제문 아래를 보니 검은 강화고무로 된 밀봉 장치가 벗겨져 있다. 레이가 "열화된 게 아니라 지진 때문에 벗겨진 것"이라고 알려줬다. 후쿠시마 원전도 지진해일의 피해뿐 아니라 지진에 의한 손상이 있었다. 원전도 구조물이기 때문에 거대한 지진이 일어나면 본체가 괜찮더라도 주변부는 부서지는 것이다.

철제문 두 개를 통과해 안으로 들어가자 거의 밀폐상태로 숨쉬기가 힘들어졌다. 그곳에 활 모양으로 굽은 커다란 철제 가마 같은 것이 보였다. 원자로였다. 옆 계단을 올라가보니 연료봉을 넣는 풀이 있다. 물론 연료봉은 제거된 상태다. 레이가 풀에서 봉을 꺼내 원자로로 집어넣는 크레인 조작을 실제로 보여줬다. 연료봉 출납을 사람이 현장에서 수동으로 조작한다? 놀랄 만큼 위험한 작업을 레이는 손에 익은 듯 아무렇지 않게 시연했다. 레이는 이 원전을 가동하고 싶어 한다. 자신의 인생을 걸었던, 말하자면 자식 같은 물건이니 빛을 보게 해주고 싶은 마음이 이해는 간다. 하지만 가동했다면 어떻게든 큰 사고가 일어났을 것이다. "사용하지 않아서 다행이네"라는 말을 하고 싶었다.

한 번도 사용하지 않고 폐로

이 원전은 왜 한 번도 가동되지 않고 폐로됐을까?

이 나라에는 독재자가 있었다. 마르코스라는 대통령이다. 큰 부자인 그는 궁전 같은 집에 살았고, 배우자인 이멜다 여사는 3,000컬레의 구두를 가지고 있어 물의를 빚었다. 마르코스가 독재정권을 휘두르던 1976년, 미래의 전력 부족을 예측하고 필리핀 최초의 원자력발전소를 세웠다.

건설을 수주받은 곳은 미국의 웨스팅하우스다. 일본에서도 간사이전력과 제휴해 미하마 원전 등을 지은 원전기업이다. 원전 건설이 정해진 장소는 루손섬의 바탄반도였다. 건설 개시로부터 9년이 흐른 1985년 말, 출력 620MW의 원전이 완성됐다. 그러나 완성을 앞두고 지진이 일어나기 쉬운 단층지대에 자리하고 있다는 사실이 문제로 불거졌다. 실제로 밀봉장치가 지진으로 부서져 있는 것을 나도 확인했다. 원전 주변 20㎞ 이내에 여러 개의 화산도 있다. 게다가 건설비도 예정액의 4배 이상인 23억 달러로 늘어났다. 거기에 마르코스 일족의 비리까지 드러났다. 웨스팅하우스 등 미국의 2개 업체로부터 원전 수주 편의를 봐주는 대가로 2,000만 달러의 뇌물을 받은 것이다.

마르코스 독재정권을 쓰러뜨린 것은 시민의 분노다. 1986년 2월 부패한 독재자에 반기를 든 국방부 장관과 장교들이 대통령이 사임할 것을 압박했다. 그들에게 찬동하는 수십만 명의 시민이 시 중심부의 큰길가로 쏟아져 나왔다. 나흘 뒤 마르코스는 미국으로 망명했다. '피플파워'가 독재정권을 타도한 것이다. 그 결과 아키노 여성 대통령이 이끄는 정권이 탄생했다.

그리고 2개월이 흐른 4월 26일, 소련 체르노빌에서 원전 사고가 일어났다. 그로부터 4일 뒤 아키노 정권은 바탄 원전을 가동하지 않은 채 폐로하기로 결정했다. 소련과 같은 사고가 일어나면 국민이 힘든 상황에 부닥칠 것이 충분히 예상됐기 때문이다. 체르노빌 사고에 대해 일본, 미국, 유럽은 "뒤떨어진 소련이니까 사고가 일어난 거다. 이쪽은 괜찮다"라고 호언장담했다. 하지만 그 뒤 미국 스리마일과 일본 후쿠시마에서도 사고가 일어났다.

필리핀과 일본의 차이는 무엇일까? 일본 정부는 대기업만 생각해서 처음부터 '원전 가능'이라는 입장을 고수하며 시민을 무시해왔다. 이에 반해 필리핀은 시민이 만들어낸 시민의 정권이다. 경제발전을 위해 기업을 먼저 생각할까? 아니면, 사고가 일어났을 때 시민의 피해를 먼저 생각할까? 누구의 입장에 설 것인지가 차이였다. 필리핀은 안전을 무시한 발전보다 시민의 목숨을 소중하게 생각했다. 재생가능 에너지를 채용하려는 시민운동도 일어났다. 시민의 입장에 섰던 필리핀 정권이 폐로를 결정한 것은 자연스러운 결과였다.

세계 2위의 지열발전

그렇다면 이미 건설한 원전을 폐로시킨 필리핀은 에너지 문제에 어떻게 대처하고 있을까? 그들은 원전으로부터 자연에너지로 전환했다. 태양광과 풍력처럼 익히 아는 것들이 아니라 주로 지열발전에 의지해 조달한다. 사실 이 나라는 미국의 뒤를 잇는 세계 제2위의 지열발전 대국이다. 이 이야기를 듣고 루손섬에 있는 막반 지열발전소를 보러 갔다. 1979년부터 조업을 시작한 오래된 지열발전소다.

수도 마닐라에서 차로 3시간 정도 남쪽을 향해 달렸다. 일본 전범이 수용된 교도소가 있었던 문틴루파를 지나 산속의 구부러진 길을 거슬러 올라가니 숲 안쪽에 도시가 나타났다. 집과 학교가 늘어선 도로변에 길과 평행을 이루며 거대한 파이프가 몇 개나 이어져 있었다. 그 앞에 있는 것이 막반 지열발전소다. 부지가 1,062ha라고 하니, 도쿄디즈니랜드가 20개나 들어갈 만큼 넓다. 경영 주체는 필리핀의 민간기업 아보이티즈다. 입구에서 허가증과 안전모를 받고 문을 빠져나갔다.

바로 좌측에 네모난 건물이 있는데, 옥상에서 폭포처럼 물이 흘러 떨어진다. 기수 냉각기라는 설비다. "일본의 미

순환형 자연에너지 시스템의 막반 지열발전소.
= 2012년 6월, 루손섬 막반

쓰비시입니다"라며 여성 기사 조세핀 퓨큐탄이 말했다. 그
는 검고 긴 머리칼을 휘날리며 우리를 안내했다.

발전소 심장부에 해당하는 제어실에 들어갔다. 유리창
저편은 창고처럼 넓은 방인데, 1기에 22t이나 되는 거대
한 터빈이 2기 놓여 있다. 1초에 60번 회전해 전기를 만들
며, 1기에 6만 3,000kW를 발전하는 능력이 있어서 총 12만
6,000kW를 만들어낸다. 터빈에는 미쓰비시 마크가 붙어
있다. 발전기의 주요 부분이 모두 일본 기술로 만들어진 것

이다.

제어실에서는 프랜시스 등 4명이 일한다. 사람은 화면을 지켜보기만 하고, 대부분 업무는 컴퓨터가 처리해준다. 프랜시스가 "막반에 5개의 발전소가 있고, 총 10기의 터빈이 있습니다. 총출력은 45만 8,000kW이고요. 지금 가동되고 있는 건 8기입니다"라고 설명했다.

다음으로 눈에 들어온 것이 지하에서 증기를 포함한 열수를 추려내는 우물이다. 증기우물 또는 생산우물이라고 한다. 이것은 미국의 석유 대기업 셰브론의 설비다. 담장 바깥에서 훔쳐보고 있으니 보안요원이 안으로 들어오라고 했다. 이런 유연함이 필리핀의 좋은 점이다. 일본 같았으면 규칙에 따라 "안돼"의 연속이었을 것이다.

피라미드형으로 짜 맞춘 높이 3m 정도의 철골 구조물 중앙부에서부터 땅속으로 파이프가 이어진다. 이런 우물이 여기저기에 있다. 우물 깊이가 보통 700m인데, 깊은 것은 3km나 된다고 한다. 마그마 열로 데워진 지하수가 암반 사이에 모인 지열 저류층의 증기와 열수를 빨아올리는 것이다. 우물은 파이프를 통해 탱크처럼 원통 형태인 증수 분리기로 연결된다. 여기서 증기와 열수를 나눈다. 증'기'와

열 '수'로 나눠서 '기수 분리기'라는 이름이 붙었다. 열수는 땅속으로 돌아가고, 증기는 터빈으로 옮겨간다. 증기의 힘으로 발전하고, 이후의 증기는 복수기에서 온수가 되어 옥외 냉각기로 보내진다. 문을 통과하자마자 옥상에서 물이 폭포처럼 떨어지던 건물이 보인다. 전형적인 순환 시스템이다.

거의 일본제

견학이 끝난 뒤 안내를 맡았던 조세핀에게 설명을 들었다. 여기서 23년째 일하고 있는 기계 기사로, 과장급답게 말하는 내용에 군더더기가 없다. 그의 부하인 40세 남성 전기 기사 이에고 에스코펜도 함께 있었지만, 모든 이야기를 그가 주도했다.

현재 증기우물은 69개 있다. 그밖에 끌어올린 증기를 땅속으로 돌려보내는 환원우물과 파놓았지만 저장층까지 미치지 못한 우물 등까지 포함하면 우물 수가 120개나 된다. 하나의 우물을 파는 데 600만 달러, 일본 엔으로 약 6억 엔이 든다. 석유와 마찬가지로 시추를 해도 저장층을 건드리지 못하면 아무 의미 없이 끝나 버린다. 그러니 시추기술이 뛰어난 세브론에 맡기고 있다. 최초로 우물을 판 것은 1974년이고, 1979년부터 실용화됐다. 설비 대다수가 40여 년 전에 설치된 것들로, 총연장이 113km나 된다. 곳곳에 도료가 벗겨진 파이프는 아무리 봐도 낡아 보인다. 그런데 오래된 시설임에도 불구하고 설비 상태가 좋다. 조세핀이 "아무래도 일본제니까요"라고 덧붙였다. 발전기뿐 아니라 거의 공장 자체가 미쓰비시 설비였다. 어느 쪽으로 시선을 돌려도 붉은색 로고가 눈에 들어온다.

막반 발전소에서 지금까지 생산한 전력을 석유로 환산하면 164만bbl에 달한다고 한다. 필리핀에는 막반 외에도 총 7곳에 지열발전소가 있다. 언급했던 2009년 수치를 기준으로 하면, 국내에서 필요한 전력량의 17%를 지열발전으로 조달하고 있다. 수력발전이 16%이니, 지열이 자연에너지의 주력인 것이다. 그 밖에 천연가스 32%, 석탄 화력 26%, 석유 화력이 9%다.

"필리핀에는 200곳의 활화산이 산재해 있어 지열을 이용하기 좋은 조건입니다. 2007년의 발전 능력은 200만kW였지만, 2013년에는 300만kW의 발전이 가능합니다"라며 조세핀이 앞으로의 신장세에 자신감을 피력했다. 300만 kW는 원전 3기분에 해당하는 능력이다. 2030년까지 1,523만 6,000kW로 확대할 계획이라고 한다. 원전 15기분의 거대한 능력이다. 발전소 이익은 지역 주민에게 환원되고 있다. 도서관에 책이나 PC를 기부하는 등 교육 분야의 지원이 많다. 전기료와 관련해서도 지역에 파격적인 혜택을 제공하고 있다.

후쿠시마 원전에 관해 물으니 두 사람이 거침없이 대답했다.

"필리핀에서는 역사적으로 많은 이가 원전에 반대해왔어요. 모처럼 만든 바탄 원전이니 가동하자는 의견이 내내 있었죠. 하지만 후쿠시마 사고로 원전을 만들게 둘 수 없다는 여론이 확대됐어요. 정전이 낫냐 방사능이 낫냐 묻는다면, 우리는 망설임 없이 정전을 택할 겁니다."

지열발전으로 원전 20기분의 전력 조달

지열발전소를 처음 본 것은 유럽에서다. 북구의 섬나라 아이슬란드에는 축구장보다 큰 넓이 5,000m^2에 달하는 세계 최대의 노천탕이 있다. 노천탕이라고 하면 일본의 전매특허라고 생각해왔던 만큼 그 규모에 놀라움을 금할 수 없었다. 어떻게 이런 거대한 시설을 만들었냐고 물으니 "만든 게 아니에요. 저절로 생긴 거죠"라는 답이 돌아왔다. "저절로 생겼다니요?"라고 반문하자 "저쪽을 봐 달라"며 흰 수증기가 모락모락 솟아 나오는 시설을 가리켰다. 그것이 1976년에 건설된 스바르트셍기 지열발전소다.

지열발전은 지하의 마그마로 데워진 증기를 우물로 끌어내 증기의 힘으로 터빈을 돌려 전기를 만들어낸다. 발전에 쓰인 증기가 식은 뒤 온수가 되어 바위 밭에 모였는데, 이것이 노천탕의 온천으로 활용되고 있다. 탕에서 뜨거운 김이 솟아오르는 가운데 푸른색을 띤 광대한 노천탕에 시민 200여 명이 수영복을 입고 온천욕을 즐기고 있다.

지열발전은 좋은 것이다. 같은 자연에너지라도 풍력은 바람의 유무에 따라 좌우되며, 태양광은 낮 동안만 발전이 가능하다. 하지만 지열은 하루 24시간, 1년 365일 아무 때나 전기를 만들어준다. 연료비도 무료에다가 지구가 존재하는 한 얼마든지 발전이 가능하다.

지열과 원전은 같은 발전 원리를 가지고 있다. 원전은 핵

분열에 의해 발생하는 열을 이용해 물을 증기로 바꿔 터빈을 돌린다. 증기로 터빈을 돌린다는 점에서 지열발전과 공통된다. 그럼 무엇이 다른가? 원전은 그 과정에서 방사성 물질이라는 위험물을 내놓는다. 하지만 지열발전은 온천을 제공해줄 뿐이다. 방사성물질과 온천, 어느 쪽이 좋을까? 답은 분명하다. 아이슬란드는 지열과 수력으로 거의 모든 전력을 조달하고 있다. 원전은커녕 화력발전소조차 없다. 여기까지 듣고 나서 나는 생각했다. 지열발전소를 만들어 온천이 솟아난다면, 이곳저곳에 온천이 있는 일본에서는 지열발전이 얼마든지 가능하지 않을까?

귀국 후 알아보니 일본에서도 지열발전이 이뤄지고 있었는데, 총에너지양이 고작 0.3%밖에 되지 않았다. 더욱이 조사 과정에서 놀라운 수치에 맞닥뜨렸다. 중앙부처인 경제산업성 계열의 연구기관인 산업기술종합연구소가 홈페이지에 다음과 같은 내용을 발표했다.

"지금 일본에서 지열발전을 제대로 개발하면 2,000만 kW, 즉 원전 20기분의 전력을 조달할 수 있다."

정부 측 연구기관이 지열발전의 위력에 공신력을 더해준 것이다.

국민을 속이는 일본 정부

그러면 왜 개발하지 않는 걸까? 혹시 일본이 지열발전을 위한 조건을 갖추고 있지 않아서일까 하는 생각에 조사를 진행했다. 그 과정에서 세계적으로 지열발전에 최적화된 지역이 세 군데 있음을 알게 됐는데, 그중 두 곳이 미국 서해안과 인도네시아, 나머지 한 곳이 일본이었다. 일본이 세계에서 지열발전에 가장 적합한 곳 중 하나였던 것이다.

심지어 일본은 지열발전을 위한 기술까지 보유하고 있다. 아이슬란드의 지열발전 터빈은 미쓰비시를 중심으로 하는 일본제였다. 더 알아보니 뉴질랜드의 세계 최대 지열발전 터빈은 후지전기 제품이었다. 일본의 지열발전 기술은 세계에서도 단연 으뜸이었던 것이다. 세계의 지열발전 총량의 절반 이상이 미쓰비시, 도시바 등에서 만든 일본 터빈에 의해 이뤄지고 있었다. 이렇게 조건과 기술이 갖춰져 있는데, 일본은 지열발전을 활용하지 않는다. 정부와 전력회사는 "일본은 원전에 의지할 수밖에 없다. 다른 에너지가 없다"라며 우기고 있다.

무려 원전 20기분에 해당하는 전력이 지열발전만으로

조달될 수 있다는 것을 정부 관련 기관이 발표했다. 그런데 지열발전을 제대로 개발하지 않는다. 오이타현의 규슈전력 핫초바루 발전소를 견학할 때 가이드가 "뭐, 여기서도 하고 있긴 하지만, 지열발전은 어디까지나 원자력발전의 보완재에 지나지 않아요"라며 아무 의욕도 없는 설명이나 할 뿐이었다. 일본 정부와 전력회사는 국민을 속이고 있다. 우선 지열발전을 '제대로' 개발해서 원전 20기분의 전력을 확보해야 하지 않을까?

그런 생각으로 "일본도 지열발전 개발을"이라는 슬로건을 내세우며 내가 『혁명의 시대』(시네프런트출판사)를 쓴 것이 2010년 11월이다. 그 이듬해 후쿠시마 원전 사고가 일어났다. 그리고 바로 이듬해 최신식의 아이슬란드 헬리셰이디 지열발전소를 찾아갔다. 유리창 너머로 거대한 터빈이 4기나 줄지어 있었다. 눈에 익은 빨간색 다이아몬드 3개의 로고가 붙어 있다. 미쓰비시중공업 제품이다. 소형 터빈은 도시바가 만들었다.

사실 이런 일은 중남미의 평화헌법국가 코스타리카에서도 접했다. 1984년 취재차 이 나라를 방문해 에너지 사정을 묻자 "지열발전과 수력발전을 활용하고 있다"라고 답했다. 지열발전이라는 단어를 처음 접한 내가 그 구조에 대한 설명을 듣고 나서 "자체적으로 기술 발전을 이룬 거냐"라고 물으니 "개발도상국인 우리나라엔 그런 기술이 없어요. 다른 나라에서 도입한 거죠"라고 했다. "이를테면 어떤 나라에서요?"라고 물으니 "일본이요"라는 답이 돌아왔다. 필리핀뿐 아니라 아이슬란드와 코스타리카도 일본의 기술로 지열발전을 활용하고 있다. 일본은 일찍부터 해외에 지열발전 기술을 수출했고, 40년 전에는 필리핀을 세계 2위의 지열발전 대국으로 끌어올린 실적도 있다.

해외에 수출하는 것도 좋지만, 그 기술을 자국에 사용하면 좋지 않을까? 그랬다면 일본은 벌써 세계 1위의 지열발전 대국이 되어 있을 테고, 원전을 만들 필요도 없었을 것이다. 일본이야말로 지열발전을 제대로 해나가야 한다.

비핵필리핀연합

물론 큰돈을 들여 건설한 원전을 사용하지 않겠다고 결단내리기란 쉽지 않았다. 필리핀이 이를 해낸 데는 대규모 시민운동이 결정적인 역할을 했다. 이후에도 운동은 점점 더

단계를 높여 급기야 헌법에 핵무기 금지조항을 넣기까지 했다. 필리핀 헌법은 제2조에서 "국책의 도구로서의 전쟁을 포기한다"라고 명기돼 있다. 동시에 "나라의 영토에 있어 핵무기로부터 해방이라는 정책을 채용한다"라면서 일본국 헌법에도 없는 반핵조항을 마련해놓았다. 일본에서 말하는 비핵 3원칙이 헌법에 명기된 형태다.

그 활동을 주도해온 저명한 활동가 두 사람을 만났다. 비핵필리핀연합 사무국장인 코라손 발데스 파블로스 변호사와 롤랜드 신브렌 교수다. 신브렌 교수는 30년간 필리핀대학에서 학생들을 가르쳤을 뿐만 아니라 비핵필리핀연합 전국의장이기도 하다. 그리고 1980년대 바탄 원전 가동 저지 운동을 성공으로 이끌었던 활동가다. 마르코스 독재정권이 붕괴한 이듬해인 1987년 신헌법이 제정될 때 "핵무기를 금지한다"라는 비핵조항을 헌법에 삽입하자고 호소해 실현시켰다.

두 사람은 "클라크 기지와 수비크 기지는 미국인만을 위한 것이었지만, 이제 필리핀인의 행복을 위해 사용할 수 있게 됐습니다", "바탄 원전과 관련해서는 애초에 위험성을 환기하는 정도로 시작됐지만, 이내 사람들의 안전한 삶을 보장하는 주민의 권리옹호 운동으로 발전했습니다"등의 이야기를 전했다. 아울러 미군기지 반환에 대해서도 자신들의 견해를 피력했다.

"미군기지 터를 필리핀군이 사용한다는 안도 있었습니다. 하지만 우리는 직업을 잃은 기지노동자와 기지에 의존해 생활해온 사람들을 우선하기 위해 민간시설로 전환하는 편이 좋겠다고 생각했어요. 그래서 어떤 시설로 활용할지 의논하면서 정부 관계자를 배제했습니다. 그들은 일단 진실을 은폐하고 권력자의 이익을 위한 결론을 만들어 그것을 정당화하려 하니까요."

"바탄 원전 건설을 위한 구실로, 원전을 만들지 않으면 전력이 부족해 석기시대로 돌아갈 거라는 소리를 했었습니다. 그러나 현재의 필리핀은 전력이 부족하지 않아요. 전력이 부족해지면 위험한 원전이 아닌 안전한 재생가능 에너지로 대체하면 된다고 시민들이 운동을 일으킨 겁니다."

시민이 에너지에 대해 더 공부해야 한다는 여론이 일었고, 정부의 부당한 처사에 항의하는 집회, 캠페인, 파업까지 일어났다. 두 사람은 그런 투쟁들이 반복되는 상황을 전해주며 "미국과 싸워나가는 데는 한 나라만으로 부족합니다. 국제연대가 필요하죠"라고 말했다. 일본 시민단체에 연대를 호소한 것이다.

씩씩한 시민들

여행 끝자락에 수도 마닐라 부근에서 독특한 활동을 하는 NPO를 찾았다. 다 마신 주스 알루미늄 팩을 모아 세척해서 알록달록한 가방으로 재생하는 데 성공한 여성단체다.

*
독특한 여성단체 키루스의 공장. = 2012년 6월, 마닐라

"여성 한 사람 한 사람이 사회 발전을 위해 노력하자"라는 타갈로그어* 머리글자를 딴 '키루스KIRUS'다.

천변에 있는 공장 선반에는 노란색, 빨간색, 초록색 등 일본에서는 보기 힘든 화려한 배색에 광택이 도드라지는 가방들이 놓여 있었다. 하지만 원재료는 알루미늄이다. 버려진 빈 팩을 깨끗하게 씻어 자른 뒤 재봉틀로 꿰매어 만들었다. 디자인이 워낙 훌륭해서 막상 완제품을 보면 도저히 원재료가 주스 알루미늄 팩이었다는 생각이 들지 않을 정도다. 그래서 일본을 포함한 해외 백화점에서 판매되고 있단다. 결성 당시 16명이던 구성원이 현재는 200명 이상으로 늘어났다. 공장에 재봉틀이 있기는 하지만, 집에서도 작업할 수 있어서 가사와 병행하며 자택에서 일하는 여성들도 많다.

구성원 중 하나인 클라라는 키루스에서 일한 지 12년째다. 남편은 운전사로 일하는데, 예전에는 빈곤선 이하의 생활을 했었다. 하지만 그에게도 수입이 생기면서 두 아이를

☞　　필리핀 루손섬 중부, 민도로섬 등지에 분포하는 타갈로그족의 언어로, 1939년 필리핀의 공용어가 되었다.

대학까지 보내고 집도 마련할 정도가 됐다. 하루 30개의 제품을 만들어 최저임금의 두 배를 벌어들인다고 한다.

너무나 기쁘게도 클라라가 우리를 자택에 초대했다. 도착해 보니 무려 4층짜리 건물이 서 있다. 땅이 좁아서 층마다 방을 2개씩 만들고 건물을 4층까지 높였다고 한다. 2층에는 거실과 식당, 3층에는 아이들 방, 그리고 4층에 그의 작업실과 부부 침실이 있다. 그는 보물처럼 애지중지하는 대형 재봉틀을 가리키면서 "신제품을 샀어요. 1만 4,000페소나 줬죠"라며 웃었다.

대화재로 집을 잃은 이재민을 위해 집을 지으려는 NPO도 있다. '카린가'라는 단체다. 2004년 바다에 면한 가난한 지역에서 부부싸움이 원인인 화재가 일어나 2,500세대가 집을 잃었다. 기업 등의 스폰서가 건축자재를 기부하고 자원 활동가들이 집을 지었다. 2,000시간 동안 봉사활동을 하면 집을 얻을 수 있었는데, 집을 갖고 싶은 이재민뿐 아니라 학생 1,500명이 자원활동가로 지원해 이미 970세대가 입주했다. 슬로건은 "Rising from the Ashes(잿더미로부터 떨쳐 일어서라)"다.

*

    필리핀을 여행하면서 생각한 바가 있다. 국가 자체는 많은 문제를 안고 있지만, 국민 한 사람 한 사람은 개성을 발휘하며 씩씩하게 살아가는 사회라는 점이다. 하지만 각자 개성이 너무나 강하다 보니 타협점을 찾지 못해 충돌이 일어나거나 심한 경우 폭동으로까지 번지는 게 필리핀 사회다. 정·재계에서는 뇌물이나 비리가 당연한 일처럼 횡행한다. 또 전근대적인 습관이 오늘날에도 심각한 수준으로 남아 있다. 2016년 취임한 두테르테 대통령은 과격한 언동으로 "필리핀의 트럼프"라 불릴 정도다. 그는 무슨 일이 일어날지 알 수 없다고들 하는 이 나라에 더더욱 불안을 부채질한다. 심지어 바탄 원전 가동까지 고려하고 있다고 했다.

    지금까지도 폐로시킨 원전을 되살리려는 움직임이 몇 번이나 있었듯이, 앞으로도 비슷한 위협이 출현할 수 있다. 경제원조와 연계한다는 구실이나 힘을 합쳐 중국에 대항한다는 구실로 일단 철수 상태에 있는 미군기지를 되돌리려는 미국의 집요한 개입에 관한 소식도 끊이지 않는다. 그러나 필리핀이 일본과 다른 점은 시민의 자발적인 행동력이다. 1986년 독재정권을 쓰러뜨린 피플파워의 저력을 이 나라는 가지고 있다. 막상 어떤 상황이 닥치면 평범한 시민들이 몸을 던져 떨쳐 일어날 것이다.

과거로부터 배워 더 나은 미래를

우리 모두 다 같이 손뼉을

기지와 원전을 비롯해 일본이 안고 있는 큰 문제 중 하나가 전후 처리다. 제2차 세계대전이 끝난 지 70년이 넘었는데, 일본은 미국에 대한 패전의식을 지우지 못하고 있다. 또 일본이 침략한 아시아 국가들과도 화해하지 못하고 있다. 독일은 주변 국가들과 화해하고 유럽연합의 중심이 된 데 반해, 일본은 아직도 아시아 국가들의 비판을 받고 있다. 어떻게 하면 진심 어린 화해가 이뤄질 수 있을까?

이를 구체적으로 제시하는 힌트를 필리핀에서 만났다.

계기는 피스 보트Peace Boat⊕의 배에 동승한 승객에게 "우리 모두 다 같이 손뼉을"이라는 노래의 탄생 경위를 들은 것이었다. 여기서 '승객'이란 누구나 아는 이 노래를 만든 창작자 본인이었다. 바로 와세다대학 명예교수이며 게이센 여학원대학 학장을 지낸 기무라 리히토다. 학자로서는 좀 드물지 않나 싶을 정도로 싹싹한 그의 이야기에 귀를 기울여봤다.

스물다섯의 나이로 와세다대 대학원에 다니던 1959년, 기무라는 YMCA 농촌부흥 국제워크숍에 일본 대표로 참가했다. 필리핀의 수도 마닐라의 북서쪽, 차로 5시간 거리에 있는 다구판시의 루카오초등학교가 자원봉사 현장이었다. 야자잎으로 지붕을 덮은 게 전부인 이 학교에 1달간 머물면서 간이화장실 등을 만드는 노동봉사를 했다.

그런데 그곳에서 만난 랄프라는 필리핀 청년으로부터 생각지도 못했던 말을 들었다. "당신이 오면 죽여 버리려 했다"라는 것이다. 도무지 영문을 알 수 없어 이유를 물었

⊕ 일본의 아시아 침략과 식민지 지배의 역사를 올바로 배우자는 뜻으로 1983년에 설립한 일본의 국제적인 시민단체.

다. 청년은 일본군의 손에 어머니를 잃었다고 했다. 당시 필리핀을 점령한 일본군에 대항해 필리핀인들은 게릴라를 조직해 싸웠다. 일본군들은 누가 게릴라인지 알 수 없어 제대로 검증조차 하지 않고 의심되는 민간인을 무턱대고 살해했다. 그뿐만이 아니다. 보급품이 모자랄 때는 마을 사람들의 식량을 빼앗고, 대드는 사람이 있으면 스파이로 몰아 살해했다. 기무라가 방문한 마을 교회에는 "일본군이 마을 사람들을 이 교회에 가두고 몰살시켰다"라고 적힌 비석이 있다. 이 청년의 부모도 피해자 중 한 사람이었다.

전시 중에 일본군이 필리핀에서 무슨 짓을 했는지 일본 국내에서는 전혀 보도되지 않았다. 현지에 와서 처음으로 그 사실을 알게 된 기무라는 마음이 아팠다. 그 청년뿐 아니라 마을 사람들의 자신을 보던 눈빛이 차가웠던 이유도 알게 됐다. 더는 거기 있기 힘들어 당장이라도 일본에 돌아갈까 하는 생각마저 들었다.

한편, 일본인에게 적개심을 갖지 않고 용서하려는 태도를 보이는 젊은이들도 있었다. 애초에 기무라 일행을 받아들인 단체가 서로 용서하고 사이좋게 지내자고 생각하는 NGO였다. 크리스천인 기무라는 신앙에 의지하며 매일 밤

성서를 읽었다. 그는 묵묵히 화장실을 파고 교정을 고르는 작업 등을 해나갔다. 그리고 그리스도교 신자로서 기도했다. 최선을 다하는 그의 모습을 보면서 필리핀인들의 눈빛과 태도도 바뀌기 시작했다.

그렇게 무거운 마음으로 지내던 어느 날 랄프가 기무라를 찾아왔다. 랄프는 "지금까지 일본인을 용서할 수 없었어요. 하지만 당신이 필리핀인을 죽인 게 아니잖아요. 당신과 땀 흘리며 일하는 동안 마음이 바뀌었죠. 과거를 용서하자고요. 새로운 세대인 당신은 일본에서 평화를 위해 노력해 주세요. 저는 필리핀에서 노력할게요. 다시는 전쟁을 일으키지 않겠다고 우리 함께 맹세해요"라며 기무라의 손을 잡았다. 기무라는 감격했다. 그 순간 기무라의 시선이 멈춘 구약성서의 한 구절이 있었다. 시편 47편에 나오는 "만백성아, 손뼉을 쳐라. 하나님께 기쁨의 함성을 외쳐라"였다. 이 대목을 읽으며 그는 생각했다. 랄프의 마음이 바뀐 건 자신이 마음속으로 사죄한 것뿐만 아니라 최선을 다해 일하는 태도를 보였기 때문일 거라고.

자원봉사를 마치고 귀국하는 배 위에서 루카오초등학교 아이들이 즐겨 부르던 노래가 떠올랐다. 스페인 민요로 전해지는 노래에 현지 팡가시난어로 "다 함께 즐겁게 놀자"라는 가사를 붙여 손발을 두드리며 목청을 높이는 노래였다. 기무라는 그 멜로디에 랄프가 자신에게 보인 "태도", 성서의 "손뼉을 쳐라"라는 구절, 그리고 "손가락질해" 등을 더해 가사를 붙였다. 귀국 후 YMCA 집회에서 이 노래를 선보이자 학생들 사이에서 급속도로 퍼져나갔다.

5년 뒤인 1964년에는 일반인에게도 전해졌다. 가수 사카모토 규가 도쿄 고쿄마에 광장에서 낮잠을 자다가 한 여성 사무직 노동자가 부르는 노래를 들었다. 이때 외워둔 멜로디를 동료 작곡가 이즈미 다쿠가 악보로 옮긴 것이 저 유명한 "우리 모두 다 같이 손뼉을"이다. 사카모토 규가 불러 대히트했고, 그해 도쿄올림픽에서 소련 체조팀의 입장 행진곡으로 사용되면서 세계로 퍼져나갔다.

교정에 울리는 노랫소리

기무라의 이야기를 듣고 현장에 가봐야겠다는 생각이 들었다. 반세기 이상 세월이 흘렀으니 당시 초등학교는 이미 남아 있지 않겠지만, 기무라와 같이 일했던 사람들을 찾을

수 있을지도 모른다. 내 계획을 들은 기무라도 "같이 가고
싶다"라는 의사를 밝혔다. 알아봤더니 루카오초등학교가
지금도 운영되고 있었다. 학교에 방문 계획을 알리고 2013
년 1월 기무라 부부와 함께 필리핀으로 떠났다. 우리는 수
도 마닐라에서 북쪽을 향해 차를 달렸다. 기온은 25도였고,
길 주변의 무논에서는 모내기가 한창이었다. 사탕수수밭
이 펼쳐진 길을 달려 5시간 만에 도착한 초등학교에서는
놀라운 광경이 우리를 기다리고 있었다.

*
54년 만에 현지 아이들과 함께 "우리 모두 다 같이 손뼉을"을 부르는
기무라 리히토. = 2013년 1월, 다구판시 루카오초등학교

교정에 특설 무대가 만들어져 있고, 현수막에는 "YOHKOSO KIMURA GOFUSAI(어서오세요, 기무라 내외분)"이라고 쓰여 있었다. 예상치 못한 광경과 마주친 우리는 서로 얼굴을 마주 봤다. 이윽고 500명이 넘는 아이들이 무대 앞에 모였다. 교장의 환영인사 후 79세의 기무라가 무대에 올라 영어로 말했다.

"이곳을 떠난 지 54년만입니다. 언젠가 돌아오고 싶었던 바람이 오늘 실현됐어요. 오늘은 제 인생 최고의 날입니다. '우리 모두 다 같이 손뼉을'이라는 노래는 전쟁의 고통으로부터 태어났어요. 여러분, 우리는 무기로 싸울 것이 아니라 평화로운 미래를 위해 함께 노력합시다!"

그곳에 모인 모든 사람이 일어섰다. 현지어와 일본어로 부르는 "우리 모두 다 같이 손뼉을"이 한데 어우러졌다. 목청을 돋우는 기무라의 눈에 눈물이 빛났다. 무대에서 기무라에게 환영사를 건넨 이는 이 학교 졸업생으로 기무라와 나이가 같은 유헤니오 아가시다.

"기무라는 이웃 사랑을 몸소 보여줬습니다. 그의 행동을 배워 우리의 모범으로 삼읍시다."

아가시가 7살 때 전쟁이 시작됐다. 일본군은 진주만공

격을 감행한 지 몇 시간 뒤 필리핀을 폭격해 눈 깜빡할 사이에 점령했다. 당시 상황을 물으니 돌연 아가시가 노래를 부르기 시작했다. "미요 도우카이노 요하 아게테…" 초등학교 수업시간에 배운 노래를 아직도 끝까지 기억하고 있었다.

그는 딸의 이름을 '오노다'로 지었다. 전후 필리핀 루방구 섬의 밀림에 들어가 29년이나 은둔생활을 한 오노다 히로 소위의 이름을 딴 것이다. "지적이고 인내심 강한 오노다를 존경하기 때문"이란다.

다구판시에 이웃한 링가옌 해안은 개전 당시 일본군이 상륙한 곳인 동시에 세력을 회복한 미군이 재상륙한 곳이기도 하다. 내가 기무라와 함께 갔던 1월 9일은 미군이 재상륙했던 날로, 군인들이 전사자 위령비에 헌화하고 있었다.

이곳에서 차로 30분 거리의 산속에서 23세의 일본인 여성 기무라 미사가 일하고 있었다. 그는 2012년 국제기독교대학을 졸업한 직후부터 이곳에 살고 있다. 의지할 곳 없는 아이들을 위해 집을 짓고 돌담을 쌓는 등 육체노동을 하면서 영어도 가르친다. 그가 말했다.

"거리의 아이들에게 힘이 되어주고 싶어요. 제 꿈은 세계를 평화롭게 만드는 거예요. 분쟁을 해결하기 위해서는 서로가 이해하는 언어를 쓰는 게 필수죠. 그래서 영어교사가 되고 싶어요."

그는 우선 현장을 아는 게 중요하다고 생각해서 필리핀에 왔다고 한다. 그 또한 이곳에 와서 처음으로 제2차 세계 대전 당시 일본군이 마을 사람들에게 저지른 잔학행위에 관해 들었다. 그는 눈물을 멈출 수 없었다.

"일본에서는 수업시간에 일본이 원폭 피해자라고 가르쳤어요. 이곳에서 벌어진 일을 알지 못한 저도, 사실을 가르치지 않는 교육도 믿을 수가 없었어요. 개인 단위로 눈앞의 사람들과 우호관계를 만들어가는 게 중요하다고 생각해요."

기무라 리히토가 반세기 전에 보고 느낀 것과 똑같은 내용을 손자 세대가 체험하고 있었다.

평화의 가교

그로부터 1개월 뒤 일본인 6명이 필리핀을 찾았다. 아이치현 오카자키시의 진 나오코가 주재하는 NPO "Bridge of peace(평화의 가교)"의 10회차 스터디 투어에 참여한 사람들이었다. 진 나오코는 학창 시절 필리핀 체험학습에 참여한 적이 있었다. 당시 "일본인 따위는 보고 싶지도 않다"라며 울음을 터뜨리는 나이 든 여성을 보고 전쟁이 아직 끝나지 않았음을 실감했다. 그리고 일본에서 만난 승려에게 "전쟁 당시 자신의 뜻과 달리 민간인을 살해한 것을 후회하며 돌아가신 일본군 병사가 있다"라는 이야기를 들었다. 피해자뿐 아니라 가해자도 고통받고 있었던 것이다. 진 나오코는 일본군 병사의 괴로운 마음을 전하고 싶었다.

2005년 3월부터 회한의 마음을 가진 일본군 병사를 찾기 시작해 7개월 만에 14명을 만났다. 1명당 2시간에서 6시간 동안 그들의 증언을 영상으로 기록했다. 이를 30분 분량으로 편집하고, 같은 해 10월 필리핀 시청과 대학에서 상영회를 열었다. 내가 진 나오코를 만난 시점에는 벌써 10여 회의 현장 방문이 이뤄져 영상을 본 필리핀인이 912명, 일본인은 1만 1,369명에 달했다.

영상을 본 필리핀 노인은 "일본이 경제대국이 되면서 과거를 잊었다고 생각했는데, 이런 생각을 품은 일본군 병사가 있었다는 걸 알고 정말 놀랐어요. 발언해주신 일본 병사들에게 감사합니다"라고 말했다. 일본의 젊은 세대가 역사에 관심을 갖고 자비를 털어 필리핀에 와준 것에 대해서도 기뻐했다. 진 나오코가 말했다.

"판에 박힌 사죄가 아니라 상대 입장에서 과오를 반복하지 않는 게 우리 '전쟁을 모르는 세대'의 사명입니다. 과거로부터 배움으로써 더 나은 미래를 만들고 싶어요."

다구반시에서 차로 2~3시간쯤 국도와 산길을 달리면 '여름의 도시'라 불리는 피서지인 바기오시에 도착한다. 태평양전쟁에서 필리핀을 점령한 일본군이 패전 당시 이곳에서 항복문서에 서명했다. 그곳에는 사인하는 야마시타 도모유키 장군의 동상이 세워져 있다.

2012년 12월 바기오시에서 3회차 '아시아 태평양 국제평화 위령제와 포럼'이 열렸다. 현지에 사는 영화감독 이마이즈미 고지가 주재하고, 한국과 대만 참가자를 포함해 총 263명이 전쟁 중의 체험을 나누며 앞으로 무엇을 해야 할지 논의했다. 이마이즈미는 "일본에 긍지를 갖기 위해서라도 우리는 과거를 검증해 교훈을 얻을 필요가 있다"라고 강조했다.

다구반시에서 마닐라로 돌아오는 길의 딱 중간쯤에 타를라크주 카바스 마을이 있다. 이곳에는 태평양전쟁 중에 일본군이 미군과 필리핀군 포로를 수용했던 부지에 지은 '카바스 국립영묘'가 있다. 포로를 뙤약볕 아래 행군시켜 다수의 사망자가 발생한 '바탄 죽음의 행진'의 종착지다. 높이 76m의 오벨리스크 주변을 둘러싼 원형 벽에는 포로 수만 명의 이름이 새겨져 있다. 바탄반도에서 이곳까지 이르는 대부분 도로에는 $1km$마다 이정표가 서 있는데, 모든 이정표를 합쳐 놓은 듯 우뚝 솟은 거대한 오벨리스크와 맞닥뜨리니 생명의 존엄성이 각인되는 느낌이 들었다.

여기서 가까운 팜팡가주 마발캇 마을에는 현지 관광국이 만든 '가미카제 평화기념당'과 가미카제 특공대원 동상이 있다. 현판에는 "역사적 사실을 통해 평화와 우호의 존엄함을 호소한다", "불행한 과거를 두 번 다시 반복하지 않을 것을 맹세하는 장소로 기념한다" 등의 문장이 적혀 있다.

수도 마닐라에 돌아오니 시 중심부에 자리 잡은 스페인

식민지 시절의 성채도시 인트라무로스가 눈에 들어온다. 높은 성벽에 둘러싸인 채 납작한 돌이 깔린 길 주변에 낡은 석조건물들이 늘어서 있다. 일본 점령 시절 감옥으로 사용되던 건물이 고스란히 보존되어 있었다. 1945년 2월 일본군의 잔학행위로 필리핀인과 미국인 약 600명이 이 감옥에서 희생됐다고 한다. 감옥 앞에 서 있는 흰색 십자가에는 "일본군의 잔학행위로 인한 신원불명의 모든 희생자에 대한 기억은 필리핀 국민의 마음속에 영원히 살아 숨 쉴 것입니다"라고 적혀 있다.

요새 안의 산 아구스틴 성당 앞에는 아기 예수를 안고 있는 마리아상이 있다. 그리고 주변에 전쟁으로 목숨을 잃은 이들을 상징하는 동상도 보였다. 이는 1995년 2월, 50년 전의 희생자들을 추도하기 위해 세워졌다. 50년 전, 즉 1945년 2월은 일본이 한창 미군기의 공습에 시달리던 무렵이다. 도쿄 대공습은 이로부터 1개월 뒤에 이뤄졌다. 공습 피해와 같은 일이 다시 일어나선 안 되겠다고 마음에 새기는 것과 함께 과거 아시아에서 저지른 잘못과 정면으로 마주해야 하지 않을까?

미움 아닌 사랑을

스리랑카

*
벽면에 그려져 있는 페라헤라 축제 = 2018년 1월, 캔디 불치사

남으로

샌프란시스코의 호소

평소 차 마시고 밥 먹는 일이 지극히 당연하다는 의미에서 "일상다반사"라고 한다. 식사는 몰라도 차 마시는 습관까지 당연하다고 생각하는 국민은 세계적으로 그리 많지 않다. 일본에서는 손님에게 차를 내놓지 않으면 "무차無茶", 쓴 차를 내놓으면 "고차苦茶"라며 꾸짖는다. 일본어의 "무챠쿠챠(엉망진창)"라는 표현이 바로 여기서 왔다. 어떤 상황을 어물어물 넘겨 버리는 것을 "차를 흐린다", 한가로운 모습을 "찻잎을 간다"라고 표현하기도 한다. 별생각 없이 쓰는 말에 자꾸만 차가 등장하는 것은 그만큼 일본인의 생활에 깊이 뿌리내리고 있기 때문이다.

문득 우리 삶과 이토록 밀접한 차가 어떻게 만들어지는지 궁금해졌다. 그래서 입춘으로부터 88일째인 5월 초, 교토 우치의 차밭에 가서 교토부 차업회의소 직원의 도움을 받아 새싹을 땄다. 차를 따는 방법을 "일심이엽一芯二葉"이라고 하는데, 새싹과 그 아래 2장의 잎 아래 줄기를 자르는 것이다. 이때 손톱을 쓰면 안 된다. "손톱을 쓰면 10분 만에 잎이 변색하니 주의하라"고 했다. 일본인의 섬세함은 단지 다도에서 결실을 보는 게 아니다. 차 수확부터 세세한 배려하에 이뤄진다. 일본 차 특유의 섬세한 맛은 이런 배려와 손길에서 태어난다.

이때 똑같은 찻잎에 가해지는 제법에 따라 녹차나 홍차가 모두 될 수 있다는 것도 배웠다. 녹차와 홍차가 별개의 식물이라고 생각했던 나는 잎을 발효, 즉 산화시키면 홍차가 된다는 것이 놀라웠다. 이야기를 듣다 보니 홍차의 본고장에 가보고 싶어졌다. 그래서 스리랑카에 가보자는 제안을 받자마자 마음이 움직였다. 스리랑카의 이전 국명은 '실론'이었는데, 지금도 실론 홍차라는 이름이 세계적으로 유명하다.

수년 전까지 스리랑카 관련 뉴스는 대부분 내전에 관한 것이었다. 민족과 종교의 차이 때문에 국민이 둘로 갈라져 무장조직인 '타밀일람 해방 호랑이LTTE'와 정부군이 살육을 되풀이했다. 다행히 내전이 종식되어 지금은 평화로워졌다고 한다. 하지만 오랜 세월에 걸친 유혈분쟁 끝에 민족 간 화해가 순조롭게 진행될 수 있을까?

더욱이 스리랑카를 조사하다가 놀라웠던 것이 제2차 세계대전 종전 후 일본과의 관계다. 전후 일본이 국제 사회에 다시 데뷔하는 계기가 된 사건이 1951년 샌프란시스코 강화회의다. 대부분의 국가가 일본에 적의를 갖고 막대한 전시배상금을 부담시켜 두 번 다시 재기할 수 없게 하려고 했다. 이에 반해 당시 스리랑카 대표는 "증오는 증오가 아닌 사랑으로 없애는 것"이라고 연설하며 스스로 전시배상금을 포기하고 다른 나라에도 같은 대응을 호소했다.

일본이 전후 순조로운 발전을 이룰 수 있었던 것은 오직 일본인의 근면함 때문만이 아니다. 스리랑카의 발언이 일본 부흥에 커다란 역할을 한 것이다. 증오의 연쇄가 끝나기는커녕 증폭되어 일본을 둘러싼 세계가 또다시 전쟁의 위기에 빠져들고 있는 지금 실로 깊이 곱씹어봐야 할 가치 있는 이야기가 아닐까? 이 한 가지만 생각해보더라도 스리랑카를 방문할 이유는 충분했다.

홍차와 카레가 일상다반사

스리랑카는 과거 영국의 식민지였다가 제2차 세계대전 이후 자력으로 독립했다. 초기에는 사회주의를 내걸었으나 이내 민주사회주의공화국이 되었다. 하지만 이미 1944년에 유치원부터 대학까지 모든 교육이 무료였다. 그런 이유로 아시아의 고질적인 아동노동 문제가 없으며, 앵벌이를 다니는 아이들도 찾아볼 수 없다. 게다가 의료비까지 무료다. 놀랍지 않은가? 경제대국이라는 일본조차 이루지 못한 일을 작은 개발도상국인 스리랑카가 그것도 반세기 전에 실현한 것이다.

　종교 면에서 살펴보면, 스리랑카는 세계 불교의 총본산이라는 위치에 있다. 발상지인 인도에서는 불교가 거의 소멸했지만, 바로 옆 스리랑카에서는 아직도 사람들 생활에 불교가 깊이 뿌리내려 있다고 한다. 이번 여행에서 실태를 살펴보고 싶었다.

스리랑카의 '일상다반사'에서 '다'는 홍차이고, '반'은 세 끼 모두 카레다. 카레라이스는 오늘날 일본인의 국민식이 됐지만, 본고장의 카레는 일본의 카레와 무척 다르다고 한다. 무엇이 다를까? 메이지 시대에 나쓰메 소세키가 유럽으로 향하던 중 스리랑카에서 카레를 먹었다고 기록돼 있는데, 그가 먹었던 것과 같은 카레도 이번 여행에서 맛보고 싶었다.

이런 생각들을 하다 보니 이 섬나라에 가서 보고 들을 것이 꽤 되는구나 싶었다. 두근두근하는 마음으로 나리타 공항으로 향했다. 이번 여행은 도쿄 후지국제여행사가 기획한 "저널리스트 이토 치히로와 함께 가는 스리랑카 -빛나는 섬의 문화유산과 현재를 찾아가는 여행"이라는 타이틀이다. 2018년 1월부터 2월에 걸쳐 일주일간 스리랑카의 주요 장소를 도는 일정이었다.

공항에 도착하니 동행하는 25명이 벌써 와서 기다리고 있다. 가이드는 스웨덴 유학 경험이 있는 재원인 엔도 아카네. 든든하다. 엔도 외에는 모두 60대 이상으로, 최고령이 85세다. 북쪽으로는 홋카이도, 남쪽으로는 히로시마에 이르는 다양한 출신지에, 여성이 3분의 2를 점했다. 직업도 전·현직 교사, 보육사, 변호사, 학자 등 다채롭다. 지리 전문가, 인도사 연구자도 있다. 걸어 다니는 백과사전 같은 이들과의 여행이니 여러 가지를 배울 수 있으리라.

일본에는 엄동설한이 닥쳐 도쿄마저 최저기온이 영하 1도까지 떨어졌던 1월, 자그마치 34도를 기록하는 적도 바로 아래 스리랑카를 향해 비행기가 이륙했다. 국영인 스리랑카항공 직항편이다. 콜롬보까지는 10시간. 같은 아시아인데 북유럽에 가는 것과 똑같은 시간이 걸린다. 일본과 스리랑카의 시차는 3시간 30분이므로 도중에 비행기에서 시계를 되돌리라는 이야기를 들었다. 보통 시차라면 1시간 단위인데 왜 30분일까? 세계 시간은 영국 그리니치천문대를 기준으로 지구를 둘러싸는 360도를 24시간으로 나눈 것이어서 15도마다 1시간의 차이가 난다. 일본이 동경 135도이므로 135를 15로 나눈 9시간이 표준시와의 시차다. 그런데 스리랑카는 섬의 중심을 동경 80도선이 관통한다. 하지만 80을 15로 나누기는 어려워서 이런 어중간한 시차가 된 것이다.

사자의 후예들이 사는 나라

출발 전까지 스리랑카에 관한 16권의 책을 읽었다. 현지에
도착하자마자 참가자들에게 스리랑카의 역사와 정치, 문
화 등에 관한 강의를 해야 한다. 도착할 때까지 기내에서
복습하기로 했다.

스리랑카는 적도의 북쪽, 북위 6도에서 7도 지점에 자리
한다. 인도 바로 옆의 섬나라로, 원래는 인도와 육지로 이
어져 있었다. 지금도 인공위성이 우주에서 찍은 사진을 보
면, 섬 북서부의 작은 섬들이 사이에 있어 인도와 이어진
것처럼 보인다. 인도와의 사이에 놓인 포크해협은 폭이 53
km 정도밖에 되지 않는다. 섬 모양은 서양배와 같다. 살짝
제체하는 호칭으로 '인도양의 진주'나 '눈물방울' 같은 것
들이 있다. 크기는 약 6만 6,000*km*²로, 홋카이도의 5분의 4
정도. 하지만 인구는 홋카이도의 4배인 약 2,100만 명으
로, 인구 밀도가 이상할 만큼 높다.

작은 섬이지만 중앙에는 고지대가 있다. 지역에 따라 기
후가 달라 섬의 남서부는 습윤하고 동북부와 동남부는 건
조하다. 계절은 우기와 건기뿐이지만, 지역에 따라 비의 형
태는 물론 내리는 시기에도 차이가 있다. 작은 섬이면서도

자연이 풍부해 야생코끼리까지 서식한다. 인도양에 면한 남부 일대는 고래가 보이는 이른바 '웨일 워칭 포인트Whale Watching Point'로 국제적인 명성을 자랑한다. 코끼리와 고래를 모두 볼 수 있다니 세계적으로도 드문 사례다.

한편, 스리랑카는 '보석의 나라'이기도 하다. 나라를 대표하는 보석인 블루사파이어는 이곳에서밖에 나지 않는다. 영국 다이애나 황태자비의 결혼반지에 쓰인 블루사파이어도 스리랑카산이었다. 생산되는 보석의 태반은 사파이어계지만, 그 밖에 가닛이나 토파즈, 투르말린 등도 있다. 보석 가격은 일본의 절반 정도라고 한다.

국명의 '스리'는 팔리어로, '빛나는, 성스러운'이라는 의미의 수식어다. 현지 발음으로는 '슈리'로 들린다. '랑카'는 옛말로 '섬'을 가리킨다. 그러니 스리랑카는 '빛나는 섬'이라는 의미가 된다. 근사한 섬이라고 자랑하는 이름을 붙인 것이다. 일본을 '아름다운 야마토의 나라'라고 부르는 것과 닮았다. 전쟁 후에 민족주의가 고양되는 가운데 식민지 시대의 국명인 '실론'에서 현재의 이름으로 바뀌었다.

수도 이름은 세계에서 가장 길어 일본의 중고생들을 울리는 걸로 유명하다. 스리자야와르데네푸라코테. 이 이름은 네 조각으로 나뉜다. '스리'는 스리랑카와 마찬가지로 '빛나는'이라는 의미다. 자야와르데네는 '승리를 가져온다', '푸라'는 '도시'를 가리킨다. 마지막에 붙어 있는 '코테'는 과거 이곳에서 번성했던 왕국의 이름이다. 이전에는 콜롬보가 수도였지만, 1982년 국회의사당을 새로 지으면서 1985년에 천도했다.

하지만 경제 중심지는 여전히 콜롬보다. 도시를 가로지르는 케라니강 때문에 아랍 상인들이 '카람부'라 불렀고, 이 지역을 거점으로 스리랑카를 식민지로 삼은 포르투갈인들이 다시 콜럼버스를 연관 지어 콜롬보라 부르게 됐다고 한다.

주민의 75%는 싱할라인이다. 싱할라어를 쓰며 대부분 불교를 믿는다. 기원전 5세기 인도 북부에서 온 아리아인의 자손이다. 6세기 무렵 편찬된 건국 신화가 담긴 팔리어 역사서 『마하밤사(대왕통사)』(『스리랑카 현대지』, 시부야 토시오 지음, 사이류출판사)에 따르면 다음과 같다.

옛날 인도의 벵골 공주가 여행 도중 사자(싱하)에게 잡혀갔다. 그 뒤 동굴에서 함께 살다가 공주와 사자 사이에 남녀 쌍둥이가 태어났다. 하지만 결국 공주는 두 아이와 함께 도망쳐 인간계로 돌아온다. 사자가 사라진 이들을 찾아 마을을 휩쓸고 다니자 당황한 인도 왕이 사자를 퇴치하는 자에게 왕위를 넘기기로 약속한다. 이때 화살로 사자를 죽인 이가 바로 사자 싱하의 아들 싱하바후다. 그러나 싱하바후는 왕위를 버리고 라라국을 건설한다. 싱하바후의 장남인 비자야가 난폭한 성품 때문에 라라국에서 추방당한 뒤 700명의 하인과 배로 표착한 곳이 랑카섬, 바로 지금의 스리랑카 땅이다. 비자야는 야차(고대 인도 신화에 등장하는 귀신)의 도움을 얻어 이곳에 왕국을 건설했다.

난폭자가 건국의 왕이었다는 것은 재미있는 이야기다. 싱하바후는 팔리어로 '시할라(사자를 잡은 왕)'라고 불렸다. 산스크리트어로는 '싱할라'라고 한다. 그들의 자손이 싱할라인으로, 자신들을 사자의 자손이라 믿는 것도 재미있다. 공주와 개 사이에 8명의 아이가 태어났다는 난소사토미핫켄덴南総里見八犬伝☞을 연상시키는 전설이다.

☞　난소사토미팔견전. 교큐테이 바킨이 1814부터 1842년까지 쓴 전기 소설로, 무로마치 시대 아와국(지금의 지바현 남부)을 배경으로 8명의 젊은이 팔견사의 모험을 그렸다.

늘어선 달마상

스리랑카 인구의 약 10%는 타밀인이다. 옛날에 남인도에서 온 드라비다인이 섬 북부와 동부에 정착했는데, 이들을 '스리랑카 타밀'이라고 부른다. 그리고 근대에 들어 영국의 식민지가 됐다가 홍차 재배를 위한 노동력으로 남인도에서 유입된 타밀인을 '인도 타밀'이라고 한다. 그들의 종교는 인도와 마찬가지로 힌두교다. 그밖에 아랍 상인의 자손으로 이슬람 신앙을 가진 무슬림, 바가라 불리는 유럽계와의 혼혈, 원래의 선주민인 베다(숲의 백성) 등이 있다. 싱할라인이 중심이라고는 하지만, 무시할 수 없는 수의 소수민족과 함께 살아가는 다민족 국가인 것이다.

이것이 국기에도 표현된다. 가로로 긴 국기의 가장자리에 노란색이 둘려 있고, 오른쪽 3분의 2는 빨간 바탕에 검을 든 황색 사자가 그려져 있다. 이는 싱할라인을 의미한다. 그 네 모퉁이에 불교를 상징하는 보리수잎이 보인다. 깃발 좌측 3분의 1에는 세로 방향으로 녹색과 주황색 선이 들어간다. 녹색은 이슬람교도, 주황색은 힌두교도인 타밀인을 상징한다. 한편으로는 싱할라인이 이슬람교도와 힌두교도를 칼로 위협하는 것처럼 보이지만, 실은 세 민족이

공존하고 있음을 보여준다.

사전에 학습한 내용은 이외에도 많지만, 우선은 현지에 도착해 실정을 살펴보며 정리하기로 했다. 기내에서 두 번째 식사를 끝낸 뒤 비행기가 콜롬보에 도착한 시간은 저녁 6시 30분이었다. 비행기에서 내리자 후끈한 공기가 느껴졌다. 다만 0도에 가까운 한겨울의 일본에서 곧장 열대로 건너왔으니 실제 기온 이상으로 더위가 느껴지지 않을까 걱정했는데, 의외로 쾌적했다. 걸어다녀도 땀이 흐르지 않는다. 공항에서의 통관도 무척 간단했다. 공항 벽면에는 싱할라어, 타밀어, 영어 등 세 가지 언어가 적혀 있다. 싱할라어 문자는 동글동글한 그림문자 같다. 일반적으로 '달팽이 문자'라 불리는데, 얼핏 보면 달마상이 늘어선 것 같은 인상을 준다. 출발 전에 『싱할라어 말하기』라는 책을 구해 읽어보려 했지만, 문자가 너무 복잡해서 포기하고 말았다.

공항 밖으로 나가자 대형 관광버스가 10대 정도 서 있다. 관광객이 그 정도로 많은 것이다. 버스는 새하얀 신차로, 모두 중국제였다. 중국의 경제 진출이 급격하게 이뤄지고 있다고 들었는데, 이런 상황이 버스에도 나타나 있다.

우리가 묵기로 한 호텔은 공항에서 멀지 않은 네곰보에

있었다. 콜롬보에서 북쪽으로 약 35km 지점에 있는 항구도시로, 과거 포르투갈과 네덜란드가 향료 무역항으로 이용했던 역사적인 곳이다. 그 영향이 아직 남아 있어서 주민의 태반이 기독교도다. 따라서 불교나 힌두교, 이슬람교가 많은 이 나라의 도시로서는 드물게 기독교 교회가 많다. 그것도 대부분 가톨릭교다. 대항해 시대에 포르투갈인이 아시아에 가톨릭을 보급한 사람들의 마음을 차지해, 결국에는 영토까지 빼앗으려 했던 역사적 흔적이다. 실제로 스리랑카에서는 가톨릭으로 개종한 왕이 "내 사후에 영토를 포르투갈에 기증하겠다"라는 유언을 남긴 탓에 식민지화가 가속되기도 했었다.

세계적인 불교 중심지

불교의 성지로

다음 날에는 오전 6시 30분에 일어나 8시에 버스로 출발했다. 목적지는 북부의 아누라다푸라. 지금으로부터 2,500년 전 건국 신화에 나오는 비자야왕이 여기서 왕국을 건설한 이래 1,400년 동안 수도였다. 그 사이 불교가 번성해 큰 절과 불탑들이 세워졌다. 붓다가 스리랑카에 있는 13곳의 큰 절과 불탑을 방문했는데, 그 절반 이상인 7곳이 아누라다푸라에 있었다고 한다. 실로 불교의 성지다. 일본으로 치면 교토에 해당한다. 그러나 왕도가 남쪽으로 옮겨감에 따라 쇠퇴했다. 이곳을 정점으로 '문화 삼각지대'라 불리는 일대는 유적의 보고로, 유네스코 세계유산에 등재돼 있기도 하다.

불교가 스리랑카에 전래된 것은 기원전 3세기로, 주체는 불교의 수호자로 유명한 아소카왕의 아들 마힌다. 그의 누이는 붓다가 깨달음을 얻었을 때 기대어 있던 보리수 일부를 스리랑카로 가져왔다. 그 나무가 뿌리를 내리고 성장해 오늘날에도 신앙의 대상이 되고 있다. 그렇다고 해도 아누라다푸라는 섬 중북부 산속에 자리하고 있다. 콜롬보로부터 180㎞, 버스로 4시간 반이나 걸린다. 버스 운전석 옆에 붓다 상, 불탑 사진, 보리수 미니어처가 놓여 있다. 이를 스리랑카 불교의 3점 세트라고 한다. 사원은 물론 가정이나 직장에도 이 3점을 비치해놓고 기도를 올린다. 확실히 불교가 생활에 뿌리내려 있다.

포장된 도로 양쪽으로는 무논이 펼쳐져 있다. 깔끔하게 구획을 정리해 놓았지만, 일본처럼 질서정연하게 벼가 자라는 게 아니라 마치 잡초처럼 밀생하고 있다. 애초에 모내기할 때부터 볏모를 심지 않고 종을 흩뿌려놓기 때문이다. 벼와 뒤섞인 잡초도 많다. 일본의 무논 경작처럼 촘촘하게 관리하는 농업방식이 아니라 대단히 엉성하다. 열대기후

여서 삼모작이 가능하기 때문에 이렇게 거친 방법으로도 농사를 지을 수 있는 것이다.

그밖에 망고와 파인애플밭도 눈에 들어왔다. 시나몬 나무뿌리 언저리에 높이 2m 가량의 모래더미가 솟아 있다. 개미 무덤이다. 무너뜨리면 엄청나게 많은 개미가 기어 나올 것이다. 스쳐 지나가는 차 중에는 '쓰리 휠러3-Wheeler'라고 부르는 삼륜 소형차가 많다. 택시다. 건너편에서 새빨간 트럭이 달려온다. 짐칸에는 노란색 코코야자가 산더미처럼 실려 있다.

도로변을 따라 전선을 울타리처럼 쳐 놓은 장소가 있다. 그 너머는 야생코끼리가 있는 국립공원이다. 코끼리가 도로로 나오지 못하게 전류를 흘리고 있었다. 일본에도 멧돼지가 밭에 들어오지 못하도록 전기울타리를 설치한 곳이 있는데, 같은 원리다. 스리랑카에는 야생코끼리가 5,000마리나 있다고 한다. 그러고 보니 이동 중에도 다리에 로프를 감아놓은 코끼리를 봤는데, 관광객들을 태워 사진을 찍게 하려는 것이었다.

중간에 들른 휴게소에서 선명한 주황색 가사를 두른 승려를 만났다. 한 장의 천으로 된 가사를 몸에 두르고 오른쪽 어깨는 맨살을 드러낸 채 왼쪽 어깨에 남은 천을 얹었다. 손에는 풍계처럼 흰색 무명실을 감은 실타래를 들고 있다. 우리를 보더니 다가와 한 사람씩 오른쪽 손목에 실을 감아 서너 번 돌려 묶어 준다. 마귀를 쫓는 부적이란다. 말하자면 실로 된 팔찌다. 악마는 실을 감고 있는 사람을 피해 간단다. 그러고 보니 스리랑카 사람들은 손목에 다양한 색의 실을 감고 있다.

난쟁

"이건 싱가포르에서, 이건 타이에서 감아 준 겁니다."

스리랑카인 가이드 난다나 파티라나가 설명했다. 그는 통통한 체구의 남성으로, 붉은색과 노란색 등 형형색색의 실을 손목에 감고 있다. 부적 삼아 손목에 실을 감는 것은 스리랑카뿐 아니라 불교 국가에서 지극히 평범한 관습이라고 한다. 승려에게 실을 감아준 답례로 시주라도 해야 하는지 물으니 자신의 의무일 뿐이니 신경 쓰지 않아도 된다고 했다.

난다나는 30대 중반의 독신으로, 일본어를 유창하게 구사한다. 일본 야마구치현 도쿠야마시(지금의 슈난시)의 종합비즈니스학교에서 2년간 일본어를 배우고, 구마모토와 가고시마에서도 살았다. 그는 오전 4시부터 9시까지 빵집에서 일하고, 정오부터 저녁 5시까지 학교에서 수업을 들었다. 그다음엔 맥도날드에 출근해 오후 6시부터 10시까지 근무했다고 한다. 주말에도 맥도날드에서 오전 10시부터 저녁 8시까지 종일 일했다. 그렇게 3년을 지내고 나니 맥도날드에 외국인 점원은 자신뿐이었고, 노력을 인정받아 마지막에는 매니저까지 됐다고 한다. 빵집에서도 외국인은 자신뿐이었는데, 일이 없을 때는 24시간 영업하는 이탈리안 레스토랑에서 새벽 2시부터 4시까지 일했다. 고학의 노력가이니 일본어가 유창해질 만도 했다.

가게에서 동료들은 그를 "난짱"이라 부르며 따랐다. 빵집에서는 초콜릿으로 고양이 얼굴을 능숙하게 그릴 정도가 됐다. "그래도 처음엔 일본 문화가 익숙하지 않아서 밥도 잘 안 넘어갔어요. 튀김은 맛있었지만, 회나 초밥처럼 날음식은 먹을 때마다 놀랐죠. 대중탕에 벌거벗고 들어가는 것도 충격이었고요. 거의 억지로 버텼어요"라며 웃는다. 스리랑카에는 없는 일본 문화로 뭘 꼽고 싶은지 물으니 심중에 맺힌 감정을 모두 잊고 물에 흘려보내는 것이란다. 그는 "'어쩔 수 없다'라는 말을 일본에서 배웠어요. 스리랑카에선 일단 화해하더라도 나중엔 반드시 문제가 악화되거든요"라고 말했다.

난짱이 스리랑카로 돌아온 이유는 병든 어머니를 간호하기 위해서다. 이 나라에서는 일본 이상으로 효도가 당연시된다. 아니, 효도라기보다 부모를 공경하는 문화가 뿌리깊다. 서 있는 양친의 발밑에 아이들이 바닥에 머리를 조아리듯 넙죽 엎드리는 것이 지극히 평범한 관습이다. 귀국 후 난짱은 일본과 스리랑카를 관광으로 연결하며 여행사까지 창업했다. 그런데 마침 그 이름이 '난짱 트래블'이라니 도드라져 보이지 않을 수 없다.

난짱이 우리에게 싱할라어를 가르쳐줬다. "고맙습니다"는 "스뚜떼", 인사말은 "아유보완"이란다. "아유"는 나이, "보완"은 늘어난다는 의미다. 즉 "당신이 나이를 먹으며 오래 사시길"이라는 장수를 기원하는 말이다. 양손을 모아 가슴에 붙이고 손가락 끝이 입에 붙을 정도의 위치에서 합장하면서 말한다. 상대가 오래 살기를 비는 마음이 자세에 나타난다. 이 말을 할 때마다 난짱이 생긋 웃는다. 그 싱글

벙글하는 모습을 보면 "아유보완", 즉 "당신은 보완하고 계시나요?"라는 것처럼 들려 웃음이 난다. 따뜻한 나라 스리랑카에서는 모든 게 느긋하니 더더욱 그런 느낌이다.

사라쌍수의 꽃

바위 천지인 절이 눈앞에 있다. 바위를 깎아 세운 이수루무니야 정사精舍다. 정사란 사원을 가리키는 말이다. 모두가 흰 셔츠나 티셔츠 차림이다. 절을 방문할 때는 흰옷을 입는 것이 원칙이다. 잡념을 없애고 청정한 마음이 됐음을 드러내는 것이다. 입구에서 구두를 벗고 양말만 신은 채 경내로 들어간다. 경내는 신성한 장소이므로 신발을 신는 것이 금지된다. 원래는 맨발이어야 하지만 양말까지는 허용해준다. 강렬한 햇볕에 노출되어 사원의 바위도 뜨겁게 데워져 있다. 양말을 신어도 열기가 후끈후끈 전해져왔다.

사원 돌계단 입구에 반원형 돌이 놓여 있다. 문스톤으로, 여기서부터 성지라는 표식이다. 표면에는 코끼리와 사자 등의 동물 조각이 새겨져 있다. 사후에 환생이 이뤄지는 윤회를 의미한다. 중심에는 연꽃이 그려져 있다. 계단을 올라가니 바위를 도려낸 벽에 붓다의 좌상이 보였다. 좌상 앞에는 꽃이 산더미처럼 쌓여 있다. 그중에서도 한층 눈에 띄는 꽃이 있었는데, 가운데 부분이 하얗고 붉은 큰 꽃잎으로 둘러싸여 있다. 난짱이 "이게 사라쌍수의 꽃입니다"라고 말했다. 석가가 그 나무 아래서 입적했다고 전해지는 성스러운 나무다. 아, 그런데 사라쌍수는 흰 꽃나무 아니었나?

나중에 알아보니 이 붉은 꽃은 남미가 원산지인 포탄나무에 피는 꽃이었다. 그러니 사라쌍수일 리가 없다. 이를 알면서도 스리랑카나 다른 동남아시아 불교 국가에서는 이것을 사라쌍수를 대신해 사용하고 있다. 일본에서는 흰색 노각나무를 대용품으로 쓴다. 진품은 인도에서도 귀하기 때문이다. 진짜 사라쌍수꽃은 붉은색도 흰색도 아닌 옅은 노란색이다. 난짱이 합장하고 기도를 올리기 시작했다. "붓당 사라낭 갓차미(부처님께 귀의합니다)." 불교의 팔리어다.

미로 같은 돌계단을 올라가니 멀리 정글이 보였다. 사원 뜰에는 보물전 같은 건물들과 돌 조각이 늘어서 있다. 남녀 커플이나 덩치 큰 여성이 역동적으로 춤추는 조각도 있다. 이 모든 풍경이 한눈에 들어왔다.

일편단심 기도하는 승려

맞은편에 새하얀 그릇을 엎어놓은 것 같은 엄청나게 큰 건물이 보인다. 루완웰리세야 탑이다. 그릇 같은 형상의 중앙에는 하늘을 찌를 것 같은 첨탑이 솟아 있다. 불탑을 향해 연와를 깔아 놓은 참배길이 수백 미터나 이어져 있다.

참배 행렬과 맞닥뜨렸다. 50명 좀 넘는 인원이 모두 참배용 흰옷 차림이다. 두 줄로 서서 폭 2m 정도의 긴 천을 양쪽에서 잡고 걷는다. 반대쪽 손에는 꽃이나 공물로 내놓을 과자가 담긴 접시를 들고 있다. 그들이 맞잡은 천은 파란색, 빨간색, 노란색 등의 선이 들어가 알록달록하다. 불교 깃발을 길게 연결한 것으로, 길이가 340m나 된다. 파랑은 붓다의 머리카락 색깔, 노랑은 붓다의 몸 색깔, 빨강은 피의 색깔을 표현한 것이다. 사실 이것은 '국제 불교기'다. 1885년 스리랑카 콜롬보에서 디자인되어 1950년 세계불교연맹의 세계불교도회의에서 정식으로 채택됐다. 세계 공통인 이 기는 일본의 절에서도 법요 등을 진행할 때 걸린다. 이 한 가지만 보더라도 스리랑카가 세계 불교의 중심지로 자리매김해 있음을 알 수 있다.

악대가 등장해 행렬 선두에 진을 친다. 날라리처럼 생

긴 퉁소를 부는 사람, 어깨에 둘러멘 큰 북과 작은 북을 두드리는 사람 등 총 3명이다. 다들 머리에 흰 터번을 두르고 윗옷을 벗고 있다. 하의는 일종의 치마인 흰색 사롱을 두르고 빨간색 복대를 했다. 퉁소는 예상대로 날라리 같은 소리를 냈다. 활기찬 연주를 선두로 행렬이 천천히 앞으로 나아갔다.

행렬은 근처 마을 주민들로 구성돼 있다. 이웃끼리 함께 참배하러 온 것이다. 누구나 참가할 수 있다고 해서 우리도

*
활기찬 연주와 함께 앞으로 나아가는 참배 행렬
= 2018년 1월, 아누라다푸라

그들과 함께 깃발을 잡고 걸었다. 이윽고 행렬이 사원 입구에 도착했다. 문을 통해 안으로 들어가니 눈앞에 흰색의 거대한 불탑이 솟아 있다. 높이가 55m라는데, 약 18층짜리 건물에 해당하는 크기다. 일행이 불탑 주변에 늘어섰다. 승려들이 불탑 주변에 천을 두른다. 불탑 곁으로 다가갈 수 있는 건 승려와 허가받은 사람들뿐, 일반 주민은 밑에서 올려다보며 절을 한다.

여기에는 붓다와 관련된 보리수가 있다. 붓다가 깨달음을 얻었을 때 기대어 있던 보리수 일부를 심은 것이다. 즉 수령 2,000년 이상이라는 의미다. 엄청나게 큰 나무이려니 했는데 생각보다 가늘었다. 가는 줄기에 더 가는 가지가 꾸불꾸불 자라 있다. 그대로 놔두면 쓰러질까 봐 가지를 받치는 대나무 막대기들이 여기저기에 세워져 있다. 고목이 지팡이를 짚고 있는 것처럼 보인다. 주변 모래땅에 흰 옷차림의 나이 든 여성들이 모래 위로 발을 뻗은 자세로 합장하고 있다. 다리를 아무렇게나 뻗은 자세가 어중간해 보이지만, 표정들을 보면 저마다 진지하기 이를 데 없다.

종교학자 다치가와 무사시의 『붓다를 찾아서』에 따르면, 붓다는 동사의 붓도(눈을 뜨다)가 변화한 '눈을 뜬 사람'

을 가리키는 말이다. 보리(보디)도 마찬가지 어원으로 '깨우침'이라는 의미가 담겨 있다. 붓다가 깨달음을 얻은 나무이기에 보리수라고 이름 붙인 것으로, 무화과나무의 사촌쯤 된다. 슈베르트의 노래 중에도 "보리수(린덴바움)"가 있는데, 이것은 참피나무로 전혀 다른 종류다.

상좌부 불교

찌는 듯한 더위 속에 걷기를 2시간 반. 호텔에 도착해 투어에 동행한 사람들에게 스리랑카 불교에 관해 설명했다. 불교라고는 하지만 일본과는 사뭇 다르다. 이 나라 불교는 현존하는 세계 불교 가운데서도 가장 붓다의 시대에 가까운 고풍스러운 것이다.

붓다의 사후 불교계는 이후 방침을 둘러싸고 두 개의 조류로 갈라졌다. 붓다에 가까운 상좌에 앉았던 보수파 장로들이 주장한 것이 상좌부 불교다. 수행한 자만이 구원받는다는 발상이다. 그래서 승려는 일편단심으로 절에 틀어박혀 번뇌를 버리고 깨달음을 위해 수행한다. 일반인들은 승려가 수행에 집중할 수 있도록 음식과 생활비를 지원하며 돕는다. 승려를 도와 공덕을 쌓는 것으로 구원받는다는 사고다. 어쨌든 승려의 신분이 높아짐으로써 권력자와 결부되기 쉬워 서민을 잊는 일이 많다. 상좌부 불교는 스리랑카 외에도 동남아시아의 미얀마, 태국, 캄보디아, 라오스 등에 확산했다.

이에 반해 젊은 혁신파는 승려가 자신뿐 아니라 모든 민중을 구원해야 한다고 생각했다. 종교가 권력자에게 아첨해서는 안 된다고 경고하는 이른바 불교계의 프로테스탄트다. 많은 사람을 태우는 거대한 탈것을 예로 들어 대승불교라 부른다. 일본은 이 대승불교의 계통이다. 대승불교는 승려뿐 아니라 일반인도 기도함으로써 구원받는다. 그래서 승려와 일반인 사이의 거리가 가깝다. 대승불교가 동남아시아에 확산한 것은 그 보편성 때문이라고들 한다. 대승에 대비되는 개념으로 소승불교라는 말도 쓰지만, 소수의 사람만 구원받을 수 있다는 대승불교 측의 냉소를 담은 호칭이므로 상좌부 불교가 스스로를 지칭하는 표현은 아니다.

같은 상좌부 불교라도 국가에 따라 차이가 있다. 미얀마의 승려는 탁발한다. 승려가 큰 발을 안고 거리를 돌면 사람들이 경쟁적으로 음식을 넣어준다. 그러나 스리랑카의 승려는 탁발하지 않고 일편단심 절에 틀어박혀 수행한다. 음식은 주민들이 절까지 가져다준다. 절이 소유한 토지에서도 농민이 식량을 생산하므로 승려는 그것을 먹기만 하면 된다. 스리랑카에서는 역대 왕의 원조로 불교가 거대 교단으로 발전해 절이 방대한 토지를 소유했다. 헤이안시대 일본의 장원 같은 형태다. 그렇게 스리랑카의 승려는 특권 계급 같은 존재가 되었다.

서유기로 이름 높은 현장이 인도를 거쳐 스리랑카를 방문했을 때 수백 개의 사원과 2만여 명의 승려를 보고 그 융성함이 극에 달한 데 놀란 한편, 질 또한 높음에 감명받았다. 승려들도 "계행과 더불어 청정하니 … 그 위의 풍채가 본보기로 삼아야 할 만큼 실로 훌륭하더라"라고 『대당서역기』(헤이본출판사)에서 전하고 있다. 그러나 18세기에 이르면 정식 승려가 없을 정도로 불교가 쇠퇴해 같은 상좌부 불교 신앙을 가진 태국에서 승려를 받아들이게 된다. 제2차 세계대전 후에는 승려의 정치활동이 진전된 끝에 대승불교에 가까운 사회활동을 하게 되어 승려들이 과감한 정치활동에 뛰어드는 변화가 일어났다. 종교도 역사와 사회의 이행에 발맞춰 변화한 것이다.

세계 불교의 총본산이라고 해서 아무것도 하지 않는데 종교가 살아남을 리는 없다. 실제로 불교가 태어난 인도에서는 불교가 쇠했다. 인도인 중에 불교도는 이제 0.7%밖에 없다. 불교가 왜 본고장 인도에서 쇠한 걸까? 인도 철학자이자 불교학자 나카무라 하지메는 저서 『고대인도』(고단출판사 학술문고)에서 여러 가지 이유를 들었다. 1203년에 들어와 이슬람교단이 우상숭배를 이유로 불교사원을 파괴하고 승려를 학살했다. 불교는 당시까지 인도에 있었던 브라만교에 뿌리를 둔 카스트 제도를 부정하고 창조주의 존재를 인정하지 않았다. 그래서 인간의 평등을 외치는 불교는 지배자들에게 성가신 존재였다. 본래 계급사회에 어울리지 않았던 것이다. 게다가 전통불교는 자신만의 구원을 추구하며 민중을 구원하려 하지 않았다. 전도도 하지 않고 관습이 되는 축제도 없다면 한때 융성을 자랑하던 종교라 할지라도 결국 사라질 수밖에 없다.

한편 힌두교는 탄생과 장례 등 일상생활에서의 의례를 중요시했다. 저승에서의 구원도 좋지만, 믿는 이들이 삶 속에서 구체적인 이점을 경험할 수 있도록 힘썼다. 즉 사람들의 생활 속으로 들어간 것이다. 사람을 잊고 오로지 자신만 수행하는 승려는 존경받는 동시에 경원시된다. 따라서 인도의 불교가 힌두교와의 생존경쟁에서 이길 수 없었던 것도 당연할지 모른다.

인도와 달리 스리랑카에서는 불교가 대중적으로 완전히 뿌리내려 있다. 헌법에 국교라고 정해져 있지는 않지만, "불교에 제1의 지위를 준다"라고 명기돼 있다. 스리랑카인은 실로 신심이 깊다. 아침에 일어나면 자택의 불상 앞에서 손을 모아 기도하며 오계五戒를 지킬 것을 맹세한다. 오계란 거짓말하지 않기, 음란한 행동 하지 않기, 도둑질하지 않기, 술 마시지 않기, 살생하지 않기의 다섯 가지로 구성된다. 만월滿月이 뜨는 날은 오계에 세 가지를 더해 팔계八戒를 지킨다. 오후에 식사하지 않기, 가무 피하기, 높은 침상에서 잠자지 않기의 세 가지다. 흰색 의복으로 몸을 감싸고 절에 참배하러 가며, 경내에 앉아 종일 명상하는 사람도 있다.

만월은 1년에 12회 같은 날을 맞는 걸 의미하는데, 마침 여행 중에 이날을 맞게 됐다. 호텔과 레스토랑에서는 관광객에게조차 술을 제공하지 않는다. 학교, 관청, 회사, 가게도 쉬며, 사람들은 흰옷을 입고 가까운 절에 가서 해가 질 때까지 기도한다. 실로 이 나라에는 불교가 생활에 깊이 뿌리내려 있다. 승려에 대한 존경심도 강하다. 버스 운전사의 뒷자리는 늘 승려용으로 비어 있다. 기차역에는 승려 전용 대합실이 있을 정도다.

제3절

자연에 둘러싸여

암벽의 미녀

세계유산에 등록되어 '동양의 마추픽추'라 불리는 시기리야로 향했다. 울창한 숲길을 차로 달리다 보니 정글 한가운데에 거대한 바윗덩이가 홀연히 솟아 있는 것이 멀리서도 보였다. 정상이 평평하고 땅딸막한 형태다. 푸른 나무들 사이에 어울리지 않게 울퉁불퉁한 적갈색의 바위산이 우뚝 솟아 있어 더욱 도드라져 보인다. 마그마가 굳은 것으로, 높이가 195m나 된다. 정상에는 왕궁이 있었다고 한다.

난짱이 걸어가면서 유적의 내력을 설명했다. 5세기에 이 땅을 지배했던 왕이 부왕을 죽이고 왕위를 빼앗았다. 동생의 복수를 두려워한 왕은 바위산 위에 웅대한 궁전을 짓고 틀어박혔다. 하지만 7년 뒤 동생의 공격에 패배한 왕은 끝내 스스로 목을 매 목숨을 끊었다.

꽤 먼 거리를 걸어 기슭에 도달했다. 우러러볼 만큼 커다란 바위 2개를 딱 짜 맞춘 틈에 돌계단이 올려져 있다. 여기가 입구다. 돌계단이 끝없이 이어진 느낌이다. 계단 돌이 높아서 한 계단씩 오를 때마다 몸을 들어 올리는 느낌으로 힘을 다해야 한다. 숨이 차오른다.

산중턱에서 잠깐 쉬고 철제 나선계단을 올랐다. 암벽에 달라붙은 형태로 만들어진 탓에 발밑을 보면 깎아지른 낭떠러지다. 아래쪽에서 바람이 불어온다. 고소공포증이 있는 사람은 현기증을 느낄 만해서 발길이 떨어지지 않는다. 그만 내려가고 싶다는 생각마저 들었지만, 뒤이어 올라오는 사람들이 있어서 앞으로 나아갈 수밖에 없었다.

겨우 계단을 다 오르자 깎아지른 절벽에 여성들의 모습이 그려져 있다. '시기리야 레이디'라고 불리는 프레스코 벽화다. 관을 쓰고 커다란 링 귀걸이에 팔찌를 한 반라의 여성이 연꽃을 손에 들고 서 있다. 뒤로는 반소매 옷을 입은 여성이 과일을 담은 큰 접시를 들고 따라온다. 반라의 여성은 귀부인, 뒤에서 따라오는 이는 시중드는 사람이다. 뒤에 있는 여성이 귀부인에게 과일을 권하는 모습도 있다. 살해당한 부왕의 영혼을 위로하기 위해 왕이 화가에게 그리도록 했다고 한다. 아무리 왕의 명령이라지만, 용케도 이토록 깎아지른 절벽에 우아한 그림을 그려놓았다. 당시 어떻게 이런 곳에까지 와서 작업할 수 있었을까? 그리기는 고사하고 그림을 보는 것조차 만만치 않다. 뒤를 돌아보면 까마득한 낭떠러지로 떨어질 것만 같아서 여유롭게 감상할 기분조차 들지 않는다.

여성들의 그림은 과거 500개나 됐지만, 지금은 18개만 남아 있다. 비바람에 침식되고, 침략자들에 의해 지워졌기 때문이다. 그런데 그 모습과 표정이 어디선가 본 것 같다. 쇼와시대에 발행된 10엔짜리 우표에 그려진 호류지의 금당벽화 속 불상과 닮았다. 하긴, 호류지 벽화의 원점이 인도 아잔타 석굴의 벽화이니 스리랑카 벽화와 닮았다고 해도 이상할 게 없다.

건너편은 복도처럼 되어 있는데, 높이 3m의 석벽을 사이에 두고 바깥세상과 차단되어 있다. 벽화는 거울처럼 빛났다. 달걀흰자와 벌꿀, 석회를 섞어 바른 뒤 열심히 닦아

마감한 덕분이다. 마침 이름도 '거울의 회랑'이란다.

그곳을 지나쳐 광장으로 나왔다. 앞서 나온 사람들이 이곳저곳에 앉아 쉬고 있다. 광장 한복판에는 돌로 만든 계단이 있는데, 양쪽 바위에는 사자 발톱 형상이 조각돼 있다. 이것이 정상으로 올라가는 입구다. 사자의 입 안으로 들어가는 구조다. 그도 그럴 것이 시기리야라는 말 자체가 '사자의 목'이라는 의미다. 올려다보니 암벽을 따라 공중에 철판으로 된 길이 지그재그로 만들어져 사람들이 서로 밀어주며 위로 올라가고 있다.

*
왕궁터가 있는 절벽을 오르는 사람들.
= 2018년 1월, 시기리야

일본에서 출발하기 전부터 피로가 쌓여 있던 나는 여기서 중단하고 정상까지는 올라가지 않기로 했다. 동행한 이들은 그런 나를 아랑곳하지 않고 계단을 잘도 올라간다. 85세의 아오모리 출신의 여성 나카무라 아사코도 지팡이를 짚고 위로 향했다. 물론 걱정할 필요는 없다. 팔을 잡아끌고 뒤에서 밀어줄 보조원을 고용했기 때문이다. 게다가 이 청년이 미남이어서 나카무라는 내내 싱글벙글했다.

그렇게 30분쯤 지나 비가 내리기 시작했다. 정상을 오르던 사람들이 급히 내려왔다. 정상에는 살짝 높은 언덕에 왕궁과 집터, 왕이 쓰던 풀장 등이 있었다고 한다. 그뿐만 아니라 정상에 들개가 새끼까지 키우고 있더라며, 대체 어떻게 거기까지 올라간 건지 모두 신기해했다. 뭐, 사람이 올라갈 수 있는데 개라고 못 올라가겠나. 여하튼 호기심이 강한 개다.

코끼리 사파리

유적 탐사 후에는 소달구지를 타고 터벅터벅 시골길을 돌아다녔다. 소는 제부zebu 종으로, 등에 혹이 있는 인도 소다. 소 2마리의 목에 횡목을 걸어 연결해놔서 소가 앞으로 나갈 때 등에 있는 혹에 횡목이 걸린다. 횡목과 짐수레가 연결되어 있으니 모든 것을 혹으로 끌고 가는 모습이다. 짐수레 지붕은 니파 야자수로 덮여 있는데, 4인승 좌석을 바람이 훑고 지나가 시원하다. 질척거리는 적토 길을 흔들거리며 천천히 지나간다. 소 키우는 할아버지가 때때로 "빨리", "이쪽이야" 하면서 지시를 내린다.

눈앞에 호수로 보일 만큼 큰 연못이 펼쳐진다. 농업 관개용으로 만든 인공저수지다. 이 나라 곳곳에 대규모 저수지가 있다. 열대라고는 하나 건기에는 비가 조금밖에 내리지 않는다. 벼를 삼모작하는 만큼 건기에는 물 확보가 필수다. 농업용수를 확보하는 왕은 유능하다고 찬양받았다. 어떤 왕은 "빗방울 하나조차 사람을 적시지 않고 바다로 흘러가선 안 된다"라면서 33년 재위 동안 165개의 댐과 3,910개의 운하, 2,376개의 저수지를 만들었다고 한다. 이런 상황이니 예로부터 관개기술이 발달해 오늘날까지 이어져오고 있다. 현재 스리랑카 전국의 저수지는 1만 5,000개에 달한다.

여기서 배에 올랐다. 두 척의 선체를 연결한 쌍동선이다.

작은 보트지만 안정적이다. 선두에 한 사람이 타고 노 하나로 배를 젓는다. 연잎과 물옥잠으로 가득 찬 수면을 소리도 없이 미끄러져 간다. 물 위로 시원한 바람이 불어온다. 저 건너편 수림에서 새와 원숭이 울음소리가 들린다. 그러고는 바람 소리만 남아 실로 고요하다. 이윽고 배가 건너편 선착장에 닿았다.

저수지 부근에 지붕을 야자로 덮은 흙벽의 오두막집이 세워져 있다. 안은 토방이다. 벽을 따라 긴 의자가 있고, 방구석 벽면 한쪽에 4점의 극채색 그림이 포스터처럼 붙어 있다. 붓다, 승려, 힌두교의 비슈누, 코끼리 머리를 한 가네샤를 그린 것이다. 그 앞에 바나나와 물이 놓여 있다. 감실龕室이다.

도대체 이 집은 불교를 믿는 걸까, 힌두교를 믿는 걸까 살짝 어리둥절했지만, 일단 불교 신자의 집임에는 틀림이 없다. 스리랑카의 불교도는 부처뿐 아니라 힌두교 신에게도 절한다. 불교도가 힌두교 사원에 참배하러 가는 모습도 쉽게 볼 수 있다. 실제로 내가 가본 불교사원에는 붓다뿐 아니라 힌두교 신들의 상도 놓여 있어 참배객들이 절을 하고 있었다. 기묘하다고 생각할지 모르겠지만, 일본인도 신사와 절 모두 참배하러 가지 않던가. 그런 것과 마찬가지다. 불교도에게 있어 붓다는 정점이고, 힌두교 신들은 붓다의 형제처럼 취급하는 존재일 뿐이다.

그렇다고 해도 힌두교 신들은 어쩐지 으스스한 모습이다. 파괴와 창조의 신 시바는 머리에 코브라를 얹고, 살육의 신 칼리는 해골 목걸이를 했다. 코끼리 머리의 가네샤, 원숭이 형상을 하고 있어 손오공의 모델이 되었다고 전해지는 하누만 등 어느 것을 보더라도 기묘하다. 우아한 불상과 정반대에 있는 것처럼 보인다. 불교도는 붓다에게는 가르침을 청하고, 현세의 이익은 힌두 신들에게 빈다고 한다. 신들 간에 역할 분담이 되어 있는 것이다.

토방 저편에서 맛있는 냄새가 난다. 앞치마를 두른 중년 여성이 요리하고 있다. 코코야자의 흰 속을 잘라 가루로 만든 뒤 쌀가루를 섞는다. 그리고 여기에 소금을 살짝 치고 물을 넣어 손으로 반죽한다. 손가락 끝만이 아니라 오른손 전부를 사용해 힘을 주고 있다. 이윽고 지름 10cm 정도의 얇고 둥근 떡이 완성됐다. 이를 화덕에 구워 바나나 잎에 얹고, 양파와 고추 등을 섞은 삼발소스와 같이 먹는다. 모양이나 맛이 오코노미야키 같아서 꽤 먹기 좋다. '로티'라는 이름의 요리다.

사파리 투어를 하기 위해 미네리야 국립공원으로 향했다. 차를 탄 채로 초원에 들어가 야생코끼리를 보는 것이다. 아프리카가 아닌 아시아에서도 코끼리 사파리가 가능하다. 공원 입구에서 지프로 갈아탔다. 뒤쪽 좌석의 지붕이 열려 있어 승객은 일어서서 밖을 볼 수 있다. 정말 사파리용이다. 건너편 초원에 있는 웅덩이 주변으로 코끼리 40여 마리가 무리 지어 있다. 지프 1대당 4명만 탈 수 있어서 어

＊
사파리 투어에서 만난 인도코끼리. ＝ 2018년 1월, 미네리야 국립공원

쩔 수 없이 인원을 나눠 승차했다. 빨리 현장에 가보고 싶은 마음에 울퉁불퉁한 길을 전속력으로 경주하듯 달려갔다.

웅덩이 건너편에 도착하자 눈앞에 야생코끼리가 있다. 인도코끼리는 아프리카코끼리보다 성질은 순하지만, 그렇다고 해도 야생동물 아닌가? 그런데 이렇게 가까이 있어도 괜찮을까 싶을 만큼 10m도 되지 않는 거리에 있다. 난짱에 따르면, 무리 중에 흉포한 세 녀석이 오늘은 나오지 않아서 운전사가 일부러 가까이 안내해준 거라고 한다. 어떤 코끼리라도 그저 똑같이 보였는데, 눈에 익을수록 각각의 특징이 보였다.

코끼리들은 초원에 코를 늘어뜨리고 요령 좋게 풀을 먹고 있다. 그중 두 마리가 서로 마주 보면서 긴 코를 붙이고 있다. 코로 키스라도 하는 것 같다. 큰 코끼리와 작은 코끼리가 몸을 맞대고 걷는다. 어미와 새끼 같다. 수십 마리의 백로가 날아와 코끼리들 주변에 모여 있다. 백로들은 코끼리가 초원을 걸을 때 놀라 튀어나오는 벌레나 지렁이를 먹고 있다. 거대한 코끼리와 우아한 백로의 조합이 한 폭의 그림 같다. 조금 떨어진 초지에는 야생 공작도 보인다.

스리랑카에는 5,000마리의 야생코끼리가 서식할 뿐 아니라, 한해 220마리의 코끼리가 태어난다. 하지만 그중 180마리는 성체가 되기 전에 질병 등으로 죽는다. 앞에서 본 새끼 코끼리는 아직 1살이다. 야생이라는 환경에 있는 만큼 새끼 코끼리가 부모를 잃는 것은 생사와 직결되는 문제이므로 국가가 보육원을 설치해 돌보고 있다. 현재 이곳에 수용된 고아 코끼리는 80마리라고 한다.

전통의료 아유르베다

다음날은 세계유산에 등록된 담불라 석굴사원을 찾았다. 죽 늘어앉은 불상들의 눈이 죄다 부리부리하면서 무표정하다. 가는 눈을 절반쯤 뜨고 있어 아무래도 깊은 생각에 잠긴 것 같은 일본 불상에 익숙해서인지 마네킹처럼 보인다. 금색이나 적색 등 극채색 가사를 입고 허리가 잘록한 것이 자세도 어딘가 요염하다. 단지 바위를 도려내어 만들었을 어두운 석굴에서 불상 아래에 빛을 비추니 뭔가 기분 나쁘고 무섭다. 방문객을 두렵게 만드는 전시 방식이다.

　일본의 불교는 대승불교로, 부처가 민중을 구원하는 존재이므로 자비로 충만하며 사려 깊은 표정이 어울린다. 반면, 스리랑카에서는 이미 깨달음을 얻은 초인적 존재이므로 인간과는 거리가 있는 얼굴이 어울린다고 생각한 걸까? 스리랑카에서 불상 얼굴을 볼 때마다 신기했는데, 앞서 언급한 『붓다를 찾아서』에 "불상 얼굴은 '생사를 초월한 표정'을 표현하려 했다"라고 적혀 있다. 역시 '초인'의 상이라고 생각하니 이해가 된다.

그렇다고 해도 평범한 사람들이 얼핏 볼 때는 위엄이 없어 보일지도 모른다. 그 때문인지 예전에 유럽에서 온 여성 관광객이 이 석굴사원의 불상 무릎에 털썩 앉아 기념사진을 찍다가 체포된 적이 있다고 한다. 그런가 하면 불상에 키스하는 장면을 촬영한 관광객에게 6개월의 금고형이 선고되기도 했다. 스리랑카 사람들의 불상에 대한 존경심은 상상을 뛰어넘을 만큼 강하다. 우리 일행이 기념사진을 찍을 때도 불상에 엉덩이를 향하면 안 된다고 난짱이 입에 침이 마르게 주의를 줬다.

사원 밖으로 나가니 연못에 연꽃이 피어 있다. 스리랑카 연꽃은 일본 연꽃보다 색이 짙고 청자색 빛을 띠며 방사형으로 자란다. 진흙에서 피어나 청정무구의 아름다운 꽃을 피워서 진실, 청정, 수행의 상징으로 여겨진다. 번뇌 가득

한 세계에서의 깨달음을 대변하는 이미지로, 불교계에서 존경의 대상이 되는 것이다. 게다가 꽃들은 보통 피어난 뒤 열매를 맺지만, 연은 꽃봉오리일 때부터 열매를 맺는다. 한 송이 꽃에 많은 열매가 열리고 쭉 곧은줄기를 가졌다는 점도 존경심을 자아내는 이유로 작용한다.

이동하던 도중 길가에 자리 잡은 허브농원이 눈에 들어왔다. 온갖 향료와 허브를 심어놓고 이름을 적은 팻말을 세워놓았다. 가이드가 친절하게 효능을 설명해줬다. 오두막에 들어가니 더 자세한 강좌가 진행 중이다. 나눠준 종이에는 4페이지에 걸쳐 일본어로 자세한 내용이 적혀 있었다. "니라야디 타이라야 = 두피에 바르면 편두통과 부비강염이 치료됩니다", "시나몬오일 = 오한, 치통, 귓병에 효과가 있습니다" 등 허브에 관한 설명이라기보다 이 허브농원에서 판매 중인 상품의 설명이다. 허브 치약과 기침을 멈추게 하는 시럽도 있다.

한 남성이 하나하나 제품을 꺼내 보여주며 효능을 설명하기 시작했다. 그리고 그 자리에서 알로에로 만든 화장품을 참가자 여성의 얼굴에 바르며 직접 보여줬다. "크림을 바르고 손가락 끝으로 마사지합니다. 피부 위로 향하게 굴

리듯이 5분간 마사지하면 주름에 상당한 효과가 있습니다"라고 말하자 그 자리에 있던 여성들이 설명자의 동작을 흉내 내며 자기 얼굴을 마사지하기 시작했다.

강좌에서 강조된 것이 아유르베다다. 인도에서 기원한 전통의학으로, 일종의 한방이다. 아니, '인방'이라고 해야 할까? 허브나 식물성 오일 등을 사용해 질병을 치료하거나 예방한다. 아유르베다의 사고에 따르면, 인간의 신체에는 '도샤'라는 생명 에너지가 소용돌이친다. 이는 바람처럼 사물을 움직이는 힘인 바타, 불처럼 태워 변화시키는 힘인 피타, 물처럼 결합하는 힘인 카파의 세 가지로 나뉜다. 바로 이 3가지 요소의 균형이 무너짐으로써 질병에 걸린다는 것이다.

사람은 누구나 바타, 피타, 카파를 가지고 있지만, 그 비율에는 저마다 차이가 있다고 한다. 예컨대 바타가 강한 사람은 마른 체격에 피부가 건조한 편이며, 행동적이지만 지속력이 없다. 피타가 강한 사람은 보통 몸집에 중키, 식욕이 왕성하며 화를 잘 낸다. 그리고 카파가 강한 사람은 튼튼하고 실팍한 근육질, 윤기 있는 피부에 차분한 성격이다. 여하튼 이 3가지 중에서 가장 강한 요소인 바타와 그다음으로 강한 피타에 의해 체질이 판정된다.

이런 이야기를 들으면 생각나는 것이 고대 그리스 의학자 히포크라테스가 주장한 사체액설四體液設이다. 인간의 체액은 혈액, 점액, 황담즙, 흑담즙의 4가지가 있어서 그 균형이 무너지면 질병에 걸린다고 한다. 혈액은 체열이 올바른 상태에 있고 음식을 완전히 소화했을 때 생겨나 생명 유지에 필수적이다. 그런데 체열이 내려가면 점액, 올라가면 담즙이 나온다는 것이다. 이것이 체질과 연결된다. 다혈질인 사람은 근육질이고 사교적이며 낙관적이다. 황담즙질의 사람은 피부가 건조한 경우가 많고, 열혈이고 성격이 급하며 매사에 도가 지나쳐 병에 걸리기 쉽다. 흑담즙질의 사람은 마른 체구에 과묵하며 신경질적이고 혼자만의 사색에 빠지기 쉽다. 점액질의 사람은 살찐 체구가 많으며, 피부에 윤기가 있고 우유부단한 성격에 운동을 싫어해서 빈혈에 걸리기 쉽다. 이렇게 보니 아유르베다와 무척 닮았다.

점성술로 인생을 결정하다

서양에서는 이것이 점성술과 연관된다. 태어날 당시의 별의 위치가 그 사람의 체액과 기질을 결정한다고 믿었다. 다혈질은 목성으로 교양이 풍부하고 부유하며, 황담즙질은 화성으로 군인 기질, 점액질은 금성으로 학자나 예술가가 많고, 흑담즙질은 토성과 맞물려 빈곤이나 범죄와 연관된다고 했다.

체질과 점성술의 결합은 스리랑카에서도 마찬가지다. 시기리아에 가던 도중 화려하게 몸치장을 한 커플과 마주쳤다. 마침 그날이 그들의 결혼식이었다. 신랑은 갑옷 같은 옷을 입었는데, 왕조시대 왕족의 복장이란다. 신부는 몸에 딱 맞는 얇은 롱드레스를 입었고, 이는 인도의 사리를 닮은 스리랑카 민속의상인 오사리다. 신랑은 당당한 태도로 뽐내듯 앞장서 가고, 신부는 그 뒤에서 손에 꽃다발을 들고 수행원을 따라 가만가만 걸어간다.

결혼 상대를 정할 때 중요한 것이 별자리라고 난짱이 말했다. 그런 걸로 상대를 정할 수 있을까? 서로를 좋아하는지가 가장 중요할 텐데. 하지만 그들은 결혼 전에 반드시 점쟁이를 찾아간다고 한다. 궁합이 맞지 않으면 이혼 등의 비극으로 이어지니 점성술은 없어지면 안 된다고 난짱이 진지한 표정으로 말했다.

스리랑카에서 점을 보는 방법은 점성술, 즉 홀로스코프 horoscope다. 결혼을 원하는 두 사람의 태어난 날과 시간, 사고방식과 성격, 또한 아유르베다의 분류에 따라 서로의 체질을 비교해본다. 그 결과가 60% 이상 공통되면 장래에도 사이좋게 지낼 수 있을 거라 보증한다. 그리고 결혼식 날짜도 점으로 정한다. 60% 이하라고 선고받아도 바로 헤어지는 것은 아니다. 여하튼 사랑하는 두 사람이니까. 다른 점쟁이를 찾아 두 번째 의견을 구하는데, 그래도 안 된다고 결론이 나면 헤어지는 쪽으로 방향을 잡는다고 한다.

별점을 참고하는 것은 결혼할 때뿐만이 아니다. 스리랑카에서는 그 외에도 오만가지 일과 관련해 점을 친다. 아이가 태어나면 부모는 몇 시에 출산했는지 정확하게 기록한다. 그리고 이를 점쟁이에게 이야기하고 앞으로 아이가 어떤 질병에 걸리게 될 거라는 등의 이야기를 듣는다. 아이가 무슨 직업을 갖게 될지도 점으로 알 수 있다고 한다. 그래서 승려가 될 것 같다는 이야기를 들으면 부모는 조금의 망설임도 없이 자식을 출가시킨다. 태어난 순간부터 운명이 결정된다니 어떻게 받아들여야 할까?

차밭

최후의 왕도

고도인 캔디로 들어갔다. 옛날 섬 북부에서 번영한 싱할라 왕조가 인도 침략군에 쫓겨 산속으로 숨어들어 캔디왕조를 건설했다. 이후 영국에 의해 멸망할 때까지 300년 넘게 이곳이 수도였다. 해발 500m 고지대에 있다 보니 열대라도 시원하다. 기온은 1년 내내 평균 22도다. 아침저녁으로 갑자기 선선해지지만 쾌적하다. 싱할라어로 산을 '칸다'라고 하는데, 영국인들이 잘못 발음해 캔디가 되었다.

붓다의 이를 모셨다는 불치사를 찾았다. 붓다의 유골은 불사리로서 이곳저곳의 불탑에 안치되어 있는데, 특히 왼쪽 송곳니는 4세기 스리랑카에 전해져 왕권의 상징이 되었다. 이것을 가지고 있지 않으면 왕으로서 인정받지 못한다. 일본의 삼종신기三種神器☞ 같은 것이다.

길게 이어진 참배길 도중에 오렌지색 가사를 입은 승려상이 서 있다. 오른손을 높이 들어 올리고, 왼손은 바닥에 질질 끌리게 해놓은 영국 국기를 잡고 있다. 영국으로부터 독립했을 때 불교가 정치를 움직여 독립을 가져왔다는 긍지를 전하려는 것이다.

맨발로 절에 들어가니 경내에 흰옷을 입은 참배객들이 넘쳐났다. 때마침 만월의 날, 즉 포야 데이라 불리는 신성한 날이었다. 이날은 관공서와 학교, 회사와 가게까지 모두 쉬었다. 불치사 2층으로 올라가니 마룻바닥이 참배객으로 발 디딜 틈도 없다. 다들 한 방향을 바라보며 손을 모으고 있다. 시선 앞쪽에는 붓다의 이가 보관된 방이 있다. 하루 3회의 푸자(예배) 시간에만 문이 열리는데, 붓다의 이를 보기 위해 이른 시간부터 자리를 잡는 것이다. 그러나 붓다의 이는 불탑 형태의 보

☞　일본 고대부터 왕위의 상징으로 천황에게 대대로 전해지는 3가지 보물. 청동검, 청동거울, 옥구슬을 말한다.

석이 박힌 황금 용기 안에 있다. 게다가 7중 구조의 상자 안 가장 작은 상자에 들어 있어 이를 직접 보는 건 불가능하다.

붓다의 이가 캔디의 불치사에 전해진 것은 1590년의 일이다. 캔디왕조 최초의 왕이 불치사를 세우고 이를 모셨다. 당시의 절은 지금의 불치사 1층이었다. 이곳에는 사람 키 정도의 멋진 상아들이 마치 본당을 지키는 것 같은 모양새로 빙 둘러 세워져 있다. 그런데 영국 학자가 감정한 결과, 불치라고 여겨지던 것은 인간의 치아가 아니라 유사 이래 동물의 이빨, 즉 화석으로 추정된다고 한다. 전설에 따르면 붓다의 유골을 우선 8등분했고, 이후 더 잘게 8만 분으로 나눠 각지의 절에 보냈다. 일본에도 미얀마 양식의 불탑인 파고다가 있는데, 그곳에 불사리가 보관되어 있다. 어차피 나눠진 유골이 8만 조각이나 된다고 하니 몇 개쯤 일본에 있어도 이상할 게 없다.

캔디에 전해 내려오는 독특한 춤이 있다. 퇴마의식에서 기원한 것으로, 캔디안 댄스라고 부른다. 극장에 공연을 보러 갔다. 막이 열리면 '부우우'하는 음이 울린다. 소라고둥이다. 윗옷을 벗은 억센 느낌의 사내들이 넓은 무대에 등장했다. 머리는 흰 터번, 배는 붉은 복대로 감싸고, 하반신은 천으로 된 사롱이라는 치마를 둘렀다. 그들이 배 앞쪽에 가늘고 긴 원통형의 북을 수평으로 안고 양손으로 힘차게 울렸다. 북 한편은 원숭이 가죽, 반대편은 소가죽이다. 음에 차이가 있어 울려 퍼질 때 강렬하다. 여기에 다시 날라리까지 등장해 크고 날카로운 고음을 보탠다. 이 정도면 악마도 도망갈 만하다.

노란색과 붉은색의 산뜻한 의상을 입은 여성들이 등장해 쟁반 양다리를 앙버티고 손바닥을 뱅글뱅글 돌린다. 팔과 발로 소리를 내는데, 까칠까칠한 소리를 내는 고리를 붙여서 움직일 때마다 소리가 난다. 춤에는 풍작 기원, 싸움터로 향하는 전사, 신을 태우는 공작새의 움직임 표현 등 저마다 의미가 있다. 퇴마의식에서 비롯된 것인 만큼 우아함보다 웅장함이 돋보인다. 공연 마지막에는 무대 아래 객석 앞에 뭔가를 늘어놓고 불을 붙였다. 불꽃 위를 바라의 사내들이 춤추며 걷는 의식이다. 초반부의 소라고둥이든 후반부의 의식이든 밀교문화와 일본 슈겐도修験道◈의 수도

◈ 산에서 엄격한 수행을 통해 깨달음을 얻고자 하는 일본의 토착 산악신앙과 밀교가 혼합된 종교.

자를 연상시킨다.

캔디에서 7월에 치러지는 페라헤라 축제는 100마리가 넘는 코끼리가 거리를 행진하는 장관을 연출한다. 코끼리들이 번쩍이는 보석, 꽃 자수가 놓인 화려한 붉은색과 검은색 덮개를 걸치고 느릿느릿 행진한다. 스리랑카 사람들은 이를 '아시아 최대의 축제'라고 자랑한다. 그중 한 마리가 불치가 든 황금 용기를 등에 이고 있다. 용기는 전구로 장식되어 찬란하게 빛난다. 도로를 메운 사람들이 이를 보고 양손을 모은 채 머리를 조아리며 예를 표한다.

차밭에서

다음 날 아침 일찍 일어나 남쪽을 향해 차로 3시간 30분 동안 산길을 달렸다. 길이 구불구불 산 위까지 이어져 있다. 점점 초록빛이 짙어지더니 양쪽 경사면이 차밭으로 바뀌었다. 홍차의 일대산지 누와라엘리야야다. 싱할라어로 '누와라'는 거리, '엘리야'는 빛을 의미하니 '빛이 넘치는 거리'라는 뜻이다. 고원지대인데, 햇볕이 그대로 내리쬔다. 넘치는 태양광을 잔뜩 받아 찻잎이 무럭무럭 자라고 있다.

블루필드라고 이름 붙여진 해발 2,000m의 차밭이다. 모처럼의 기회이니 차 수확도 체험했다. 대나무로 짠 둥근 바구니를 건네받아 배낭처럼 둘러메고 밭으로 들어갔다. 밭 모양새가 일본의 차밭과 무척 다르다. 일본은 어묵판 같은 형태에 활모양을 그리며 열을 만드는 밭이 일반적인데, 스리랑카 밭은 평평하다. 어른 허리 정도의 높이에 한쪽 면에는 차나무가 자란다. 완만한 산 경사면이 차나무로 뒤덮여 있다.

수확 방법은 일본과 비슷하다. 사이에 새싹이 낀 2장의 잎을 손가락으로 딴다. 다만, 일본에서는 줄기가 상하지 않게 손톱이 아닌 손가락 안쪽으로 꺾듯이 따는데, 스리랑카에서는 손톱으로 우직우직 딴다. 일본에서 재배하는 차의 태반은 녹차로써 찻잎을 따로 발효하지 않아 섬세하게 취급하지만, 스리랑카에서는 죄다 발효시켜 홍차로 만든다. 그러니 딸 때도 크게 주의를 기울이지 않는 것이다.

스리랑카 여성들은 머리에 흰 천으로 된 차양을 쓴 채 바구니를 등에 이고 차를 딴다. 그런데 지금껏 봐 온 사람들과 어딘가 분위기가 다르다. 차밭에서 일하는 노동자의 대다수는 싱할라인이 아닌 타밀인으로, 인도에서 이주해

해발 2,000m의 차밭에서 체험한 차 수확. = 2018년 2월, 누와라엘리야

온 사람들의 후손이다. 스리랑카 북부에 옛날부터 살고 있는 스리랑카 타밀인과 달리, 19세기에 영국이 식민지 지배를 할 때 차밭 노동력으로 인도에서 데려온 사람들의 후손이다. 이들을 인도 타밀인이라 부른다. 민족적으로는 같지만, 언어가 조금 다르다.

이 여성들의 하루 임금은 1,000루피, 일본 엔으로 약 750엔이다. 일본 편의점의 시급 정도밖에 되지 않는다. 일본 편의점에서 일하는 스리랑카인이 꽤 있는데, 일본에서 1시간 일하면 스리랑카에서의 일당을 벌 수 있다. 그러니 일본에서 일하려는 사람이 나오는 것도 당연하다.

홍차 생산공장을 들여다봤다. 넓은 창고처럼 보이는 방이 건조장이었다. 가늘고 긴 수영장 같은 곳에 찻잎을 꽉 채워놓았다. 한 번에 5,000*kg*을 저장할 수 있는데, 24시간 동안 놔두면 수분이 빠져 무게가 딱 절반인 2,500*kg*까지 줄어든다. 이것을 건조기에 넣어 120도 온도에서 20분 동안 돌리면 찻잎이 바삭거릴 정도까지 건조된다. 그리고 크기를 맞춰 발효시킨다. 이 공정이 이어지면서 찻잎 색깔도 거무튀튀해진다.

여기서 만들어진 홍차 맛을 차실에서 시음해봤다. 한 스푼의 찻잎을 100*cc*의 뜨거운 물에 넣고 3~4분 정도 기다린다. 찻잎 크기에 따라 등급을 나누는데, 가늘고 긴 모양이 제대로 유지된 큰 잎이 오렌지 페코(OP)다. 페코(백호, 白毫)는 원래 최상의 중국차를 가리키는 말이다. 다음으로 큰 잎이 브로큰 오렌지 페코(BOP)인데, 오렌지 페코를 자른 것이라 '브로큰broken'이라는 이름이 붙었다. 우리에게 익숙한 맛이기도 하다. 더 잘게 부서져 1mm 이하가 되면 더스트(D)라 불린다. 분말 형태가 되어 먼지(더스트)처럼 보이기 때문에 티백용으로 쓰인다. 난짱은 이것을 '홍차 찌꺼기'라 표현했다.

최고급 찻잎이 있다기에 주문해봤다. 골든칩golden chip이라는 이름이 붙어 있다. 칩이란 끝이 둥글게 굽어 아직 잎이 벌어지지 않은 어린 새싹을 가리킨다. 표면에는 촘촘하게 털이 나 있다. 뜨거운 물을 넣은 찻주전자 안을 보니 실제로 황금색을 띠고 있다. 정성스레 내렸는데, 맛이 너무 옅어 홍차라는 느낌이 들지 않았다. 세상이 워낙 미묘한 기준을 놓고 상등품을 가리니, 이 차도 비슷한 경우가 아닐까 싶다. 일본 요리에도 상등품인 옅은 맛의 교토 요리가 있는가 하면, 혀에 바로 느낌이 오는 오사카 요리, 좀 더 소금기가 강한 도쿄 요리 등의 차이가 존재하지 않던가.

낮에는 덥지만, 아침저녁으로는 기온이 내려간다. 해 뜰 무렵의 기온은 4도다. 이런 날씨가 식민 지배를 하던 영국인들에게 맞았던 모양이다. 그들은 이곳을 가루이자와 같은 피서지로 삼았다. 아직도 영국인 소유의 회원제 골프장이 남아 있다. 그래서인지 누와라엘리야는 '리틀 잉글랜드'라고 불린다. 그러고 보니 스리랑카 전체에 영국의 영향이 남아 있다. 차도가 왼쪽이고 오른쪽 핸들을 사용하며,

우체통은 예스럽게 붉고 둥근 형태다. 다시 말해 일본과 같다. 게다가 차 마시는 습관은 영국에서 스리랑카로 역수입됐다.

실패로부터 태어난 홍차

우리가 통칭하는 '차'는 발효 정도에 따라 여섯 가지로 나뉜다. 우리가 평소에 마시는 전혀 발효시키지 않은 무발효차가 녹차다. 여기서 발효가 진행됨에 따라 황갈색의 백차白茶, 황차黃茶, 청차靑茶로 나뉜다. 우롱차도 청차다. 한층 더 발효된 것을 홍차紅茶라고 한다. 그 이상 발효되면 찻잎이 검은 흑차黑茶가 되는데, 대표적인 것이 푸얼차(보이차)다. 재스민차는 보통 녹차에 아라비아 재스민향을 첨가한 것이다.

일본에서 차라고 하면 녹차를 생각하는데, 일본에서는 수확한 찻잎을 쪄서 발효를 중지시킨다. 내버려 두면 발효가 진행되어 다른 차가 되어서다. 사실 홍차는 의도적으로 만들어진 게 아니라 우연히 탄생했다. 원래 녹차용으로 수확한 차가 어쩌다 보니 홍차가 된 것이다.

『홍차 한 잔의 세계사』(이소부치 다케시, 분슌신서)[*]에 따르면, 홍차는 17세기 중국 남부 푸젠성에 있는 우이산 동목촌에서 태어났다. 차밭이 너무 깊은 산 속에 있어서 수확한 찻잎을 울퉁불퉁한 산길을 걸어 운반하던 중 대나무 바구니에 찻잎이 흘러나와 발효했다. 게다가 주변에 자라던 용안龍眼의 향이 배어 버렸다. 또 잎을 건조할 때 태우는 소나무를 말리지 않아 다시 향이 더해졌다. 이것이 홍차의 탄생이다. "홍차는 동목촌의 실패한 차로부터 태어났다"라고 중국의 차 전문가는 말한다.

실패작이 상품으로 환영받게 된 것은 영국의 풍토 때문이다. 런던의 수질은 석회분이 함유된 경수다. 그래서 녹차를 넣으면 맛도 향도 약해 탄닌의 떫은맛이 아닌 심심한 맛이 되어버린다. 하지만 발효차는 마일드하고 맛있어서 족히 마실 만하다. 즉 영국의 물과 어울린다. 게다가 향에 민감한 영국인은 홍차의 '신비한 향'에 매료됐다. 우연히 배어 버린 용안의 향이 예상치 못한 효과를 발휘한 것이다.

---

[*] 한국어판은 『홍차의 세계사, 그림으로 읽다』, 강승희 옮김, 글항아리, 2010.

원래 영국인이 마셨던 것은 녹차다. 그것도 중국산이 아닌 일본산이다. 차가 유럽에 유입된 것은 1610년 네덜란드 상인이 나가사키 히라도에서 일본 차를 구매해 본국으로 가져간 것이 최초다. 일본 녹차와 다도가 소개되어 유럽 각지의 귀족들에게 호평받았다. 당시 찻잔에는 손잡이가 없었다. 너무 뜨거워 잡기 힘드니 차를 다른 그릇에 덜어 소리를 내면서 마셨다. 그러자 산소가 섞여 들어가 부드러워졌다. 영국에서는 '만병에 효과 있는 신비한 약'이라 불렸다. 배로 운반하던 중 찻잎이 발효해 홍차가 됐다는 이야기를 종종 듣지만, 현실에서는 있을 수 없는 이야기다.

강력한 네덜란드에 대항하기 위해 영국 왕과 포르투갈 왕녀가 정략결혼을 했다. 당시 포르투갈은 지참금으로 7척의 배에 가득 채운 사탕과 인도 봄베이를 선물했다. 현재는 뭄바이라는 이름으로 바뀐 봄베이가 대영제국 동인도회사의 본거지가 되어 영국의 세계 진출이 시작됐다. 이 무렵 영국은 중국에서 차를 수입했는데, 그 양이 너무 많아 적자였다. 이를 만회하기 위해 중국에 뭔가를 강매하려 했지만, 괜찮은 물건이 아무것도 없었다. 그런 상황에서 생각해 낸 것이 마약, 바로 아편이다. 마약을 단속하려는 중국과 영국간의 갈등은 1840년 아편전쟁으로 비화했다. 차를 시작으로 전쟁이 일어난 것이다.

홍차의 아버지, 홍차왕

영국은 먼 중국에서 비싼 차를 수입하기보다 본국과 가까운 곳에서 차를 재배하는 편이 경제적으로 균형이 맞을 거라고 판단했다. 그래서 식민지 인도에서 차나무를 수색하기 시작했다. 결국 영국군 소령이 북동부 아삼 지방에서 자생하던 차나무를 발견해 영국이 차 재배를 개시할 수 있었는데, 이것이 아삼티다.

한편, 영국은 중국의 차 모종을 인도에 반입해 뿌리내리려 했지만, 풍토가 달라 실패를 거듭했다. 유일하게 도입에 성공한 곳이 네팔에서 가까운 히말라야산맥의 구릉지 다르질링이다. 다르질링티는 전통적인 중국 차의 맛을 이은 것이다. 이것이 최고급 홍차로 불리는 이유는 영국인의 중국차에 대한 '신앙'과 지나친 오지라는 환경으로 인해 늘 부족했던 생산량 때문이다.

당시 스리랑카는 '실론'이라는 이름으로 불렸다. 영국에 앞서 실론을 지배한 네덜란드는 농원에서 커피를 재배했다. 18세기에 지배자가 된 영국도 커피를 재배했고, 런던으로 가져와 실론 커피라는 이름으로 판매했다. 그런데 1865년 수병으로 커피나무가 전멸해 버렸다. 하는 수 없이 영국은 커피 대신 아삼 묘목을 스리랑카로 이식해 재배에 성공한다. 이렇게 실론티가 탄생했다.

아삼에서 이식한 차를 정착시키는 데 성공해 '홍차의 아버지'라고 불리게 된 사람이 제임스 테일러다. 그는 17세에 스코틀랜드에서 실론으로 이주해 커피 농원에서 일했다. 커피가 전멸한 뒤에는 차 재배에 몰두했고, 차 수확법을 독자적으로 연구해 차 생산 기계까지 개발했다. 그는 식물 재배를 좋아했고 재능도 있었다. 그리고 차밭에서 생활하며 차 재배에 인생을 걸었다. 이 사람이 없었다면 홍차는 지금처럼 퍼져나갈 수 없었을 것이다.

널리 홍차를 판매해 '홍차왕'이라 불린 이는 토머스 립톤이다. 그도 스코틀랜드 출신으로, 양친은 감자 기근으로 아일랜드에서 도망쳐온 난민이었다. 그는 중개인을 통하지 않는 유통경로를 확보해 당시 가격의 절반에 홍차를 팔았다. 무게를 달아 팔던 홍차를 미리 봉투에 넣어 쉽게 팔

수 있게 만들고 박리다매에 매달렸다. 나아가 그는 각지의 물에 맞춘 홍차 브랜드를 개발했다. 런던은 석회질의 경수라 떫은맛을 내기 힘들지만, 스코틀랜드는 연수라 떫은맛이 난다. 이런 지질을 정성스레 연구해 여러 찻잎을 섞어 각각 토양의 물에 맞는 홍차를 개발한 것이다.

립톤은 스리랑카의 차 농장을 매입하고 콜롬보에 제다 공장을 세웠다. 지금까지도 이어지는 립톤티의 선명한 노란색과 빨간색 포장이 이때 시작됐다. 눈에 띄게 하려고 이 두 가지 색상을 선택한 것 같지만, 노랑과 빨강은 당시부터 스리랑카의 상징색으로 국기에도 사용되고 있다. 이국적인 느낌을 강조하는 효과도 있었을 것이다. "다원에서 곧장 티포트까지Direct from the tea garden to the teapot"라는 표어를 선전해 대중에게 홍차 마시는 습관을 전파한 것도 그의 공적이다. "최고 품질의 홍차를 가장 싼 가격으로"라는 것이 그의 경영이념이었다. 그는 평생 독신으로 지냈는데, 그 이유를 묻자 "홍차 가격이 배우자를 부양하기에 너무 쌌기 때문"이라 답했다고 한다.

이에 반해 고급화를 택한 것이 립톤보다 거의 2세기 전 사람인 토머스 트와이닝이다. 그는 무게를 달아 차를 판매하는 방식을 고집하며 상류계급에 고품질의 차를 팔았다. 1706년 '톰의 커피하우스Tom's Coffee House'를 런던에 개점한 이래 오늘날까지 10대를 이어오고 있다.

홍차를 마시는 사람들 사이에서 유명한 이는 1830년 영국 총리 자리에 오른 찰스 그레이 백작이다. 대단한 홍차 애호가이자 미식가인 그는 홍차 발상지인 동목촌의 맛에 집착했다. 하지만 본고장 물건을 손에 넣기란 좀처럼 쉽지 않았다. 결국 트와이닝사가 궁리 끝에 본고장의 용안 대신 레몬과 닮은 시칠리아의 베르가모트로 향을 냈다. 백작을 영어로 '얼Earl'이라고 한다. 이것이 '얼 그레이'티다. 그러나 뛰는 놈 위에 나는 놈이 있었다. 포트넘앤메이슨사는 차를 훈연시켜 원조인 중국 차의 풍미에 가까운 새로운 얼 그레이티를 개발했다.

영국에서는 홍차를 티포트에 넣어 우리지만, 스리랑카에서는 밀크티로 마시는 게 일반적이다. 아삼티와 다르질링티 등 인도에서 재배하는 홍차들과는 달리 스리랑카 홍차는 색과 맛, 향이 강해 밀크티를 만들기에 적당하다. 영국에서는 홍차를 마시면서 스콘이나 비스킷 등을 먹는데, 스리랑카의 티 푸드는 칠리 파우더가 들어간 크로켓으로

입이 쓰라릴 정도로 맵다. 그래서 미지근하고 달콤한 밀크 티를 마시면 매운맛이 완화된다. 남국의 나른함과 달콤함이 뇌로 전해지면서 졸음이 오기도 한다.

차를 가리키는 말로 '티'와 '차이' 두 종류가 있다. 둘 다 같은 의미로, 방언의 차이에 지나지 않는다. '티'는 푸젠어, '차이'는 광둥어다. 푸젠은 타이완에 면한 일대, 광둥은 그 남쪽으로 펼쳐진 지역이다. 차가 선적되던 장소에 따라 명칭이 달라진 것이다.

제5절

증오의 극복

알려지지 않았던 은인

옛 수도로서 지금도 스리랑카 최대 도시인 콜롬보로 돌아왔다. 오자마자 이 장 첫머리에서 언급했던 은인, 전후 일본 부흥에 공헌한 자야와르데네를 기념하는 문화센터에 방문했다.

제2차 세계대전이 끝난 직후 전승국은 광폭했던 침략국 일본을 다시는 일어나지 못하게 만들 생각이었다. 일본을 점령했던 건 미국이지만, 애당초 미군은 "미국만 일본 통치에 책임질 이유는 없다"라고 생각해 연합국에 의한 일본의 분할통치를 구상했다. 이에 홋카이도는 소련, 혼슈 동쪽에서 중앙까지는 미국, 주고쿠와 규슈는 영국, 시코쿠는 중국이 통치하고, 도쿄는 미·영·중·소 4개국이 공동 통치한다는 안이 나왔다. 아울러 소련은 홋카이도와 도호쿠를 지배하고 싶다는 의향을 내비쳤다. 그대로 실행됐다면 동서로 분할된 독일, 남북으로 분할된 한반도보다 더 심각한 상황이 됐을지도 모른다.

냉전의 전망이 분명해지자 미국은 곧장 분할통치 구상을 버리고 일본을 단독으로 통치하기로 했다. 1947년 미국 트루먼 대통령이 '봉쇄정책'을 개시하기 전부터 미소 대립은 노골화되고 있었다. 분할안은 중단됐지만, 일본군에게 피해를 입은 국가들은 일본에 막대한 전시배상금을 받아 내야겠다고 생각했다.

1950년 영국령 실론(지금의 스리랑카)에서 영연방 외무장관회의가 열렸다. 여기서 일본의 독립과 동남아시아·남아시아 발전의 필요성이 역설되면서 콜롬보계획이라 불리는 아시아·태평양 지역 경제발전계획이 시작됐다.

일본이 국제 사회에 복귀하는 계기가 된 것은 이듬해인 1951년 미국에서 있었던 샌프란시스코 강화조약이다. 전승국과 일본군의 피해를 본 국가들의 대표가 모여 전후 일본의 취급에 대해 협의했다. 스리랑카도 참가국 중 하나였다. 1942년 일본군은 스리랑카, 당시의 영국령 실론을 공격했다. 128기의 함재기로 콜롬보와 트링코말리항을 공습하고, 항구에 있던 영국군 군사시설을 파괴했다. 주요 산업인 고무농장도 불태웠다.

스리랑카를 대표해 회의에 참석한 것은 당시 재무장관으로 이후 대통령이 되는 주니우스 자야와르데네다. 그는 "아시아 국가들은 일본이 자유롭기를 열망하고 있다. 일본은 자유로워야 한다"라고 호소했다. 그리고 스리랑카는 일본군의 폭격에 따른 손해배상을 요구할 권리가 있다면서 "하지만 우리는 감히 그것을 포기한다. 증오는 증오가 아닌 사랑(자비)으로 없애는 것(Hatred ceases not by hatred, but by love)이라는 붓다의 말을 믿기 때문이다"라고 연설하며, 일본에 대한 배상권을 포기하는 한편 다른 나라도 동참해 달라고 호소했다.

또한 연설 도중 자야와르데네는 전쟁 이전과 전쟁 당시 식민지 지배를 받았던 아시아의 역사를 언급하며 식민지주의에 대항하는 아시아 국가들의 결속을 호소했다. 아울러 "샌프란시스코 강화조약의 목적은 일본을 자유로운 나라로 만들어 일본의 부활에 어떠한 제약도 가하지 않고 …
일본에 경제적인 악영향을 주는 배상금을 거두지 않도록
하려는 것이다. 일본에 우정의 손을 내밀고, 일본과 손잡아
인류의 생명과 존엄을 충만하게 함으로써 평화와 번영을
향해 전진하자"라는 말로 끝맺었다.

연설이 끝나자 회의장에는 칭찬과 웅성거리는 소리로
휩싸였다. 당시 미국 신문은 "우레와 같은 박수에 회의장
유리창이 깨질 정도였다"라고 분위기를 전했다. 사설들도
"관용을 설파하며 보편적 섭리를 제시했다", "역사적인 발
언이다" 등의 평가로 내용을 기렸다. 이 연설을 계기로 참
가국들의 일본에 대한 태도가 크게 달라졌다. 이 때문에 일
본의 전시배상 부담이 줄고 전후 일본의 부흥으로 이어졌
으니 일본인에게 자야와르데네는 진정한 은인이다.

배상이라고 하니 말인데, 2018년 10월 한국 대법원이 태
평양전쟁 중에 일본이 저지른 징용공 문제에 책임을 물어
신일철주금에 배상 판결을 내렸다. 이에 일본 정부는 1965
년 한일청구권협정을 들며 전면 거부했다. 하지만 협정 후
국회 답변에서 "개인의 청구권은 소멸되지 않았다"라고
말했다. 이 문제에서 중요한 것은 피해자 입장에서 그 존엄

✱
자야와르데네 문화센터 벽에 걸린 그의 사진과 말. = 2018년 2월, 콜롬보

을 회복하는 것이다. 이를 잊어버리는 순간 증오의 연쇄가 벌어진다. 역사 앞에서는 겸허해야 한다.

자야와르데네 연설은 일본에서 거의 알려지지 않았다. 배은망덕이 지나친 것 아닌가? 일본은 폐허 더미로부터 자력으로 부흥했다고들 하지만, 자야와르데네를 비롯한 아시아 국가들의 관대한 마음이 그것을 가능하게 해준 것이다. 게다가 전후 경제부흥의 기회가 된 것은 한국전쟁과 베트남전쟁 특수였다. 아시아 국가들의 고난과 희생 위에 일본은 부흥에 성공해 경제대국의 기초를 마련할 수 있었다. 그뿐만이 아니라 샌프란시스코 강화조약 발효 후에 가장 빨리 일본과 국교를 맺은 것도 스리랑카였다.

450년에 걸친 식민지 지배

자야와르데네 문화센터는 콜롬보 중심부에 있다. "왜 인간이 야수가 되어 동료를 죽이는가, 나는 이해할 수 없다. 결국에는 누구나 누군가의 부모이자 자식이 아니던가?"라는 샌프란시스코 강화조약에서의 발언이 금색으로 벽에 새겨져 있다. 특히 "Hatred ceases not by hatred, but by love"라는 문구는 하얗게 도드라져 있다. 일본을 몇 번이나 방문했다는 기록도 전시되어 있지만, 일본 정부와 국민으로부터 제대로 된 인사를 받은 것처럼 보이진 않는다.

자야와르데네는 1978년 스리랑카 제2대 대통령이 됐다. 1996년 그가 서거했을 당시 "오른쪽 눈은 스리랑카인, 왼쪽 눈은 일본인에게" 제공해 달라는 유언을 남겼고, 실제로 일본인 여성에게 그의 각막이 이식됐다. 일본은 그와 스리랑카에 대해 더 알아야 할 의무가 있지 않을까?

자야와르데네가 식민주의와의 싸움을 강조한 배경에는 스리랑카가 오랫동안 유럽의 식민지였다는 역사가 있다. 이 나라를 최초로 침략한 것은 포르투갈이다. 향료인 시나몬을 손에 넣기 위해 1505년 포르투갈 함대가 들이닥쳤다. "흰 돌 껍질(치즈)을 먹고 붉은 피(와인)를 마시며, 천둥 같은 소리를 내는 것(철포)을 가진 낯선 자들"이 나타났다고 당시 왕실 기록에 적혀 있다. 그것이 150여 년에 걸친 포르투갈 식민지 지배의 시작이었다. 포르투갈인은 불교나 힌두교 사원을 파괴한 뒤 교회를 짓고, 가톨릭 이외의 종교를 금지했다. 심지어 왕을 개종시켜 국토를 포르투갈에 넘겨주겠다는 말까지 하게 만들었다. 강도가 따로 없었다. 너무 오랫동안 지배당한 탓에 싱할라어와 타밀어에도 포르투갈어 단어가 유입됐다. 포르투갈은 콜롬보에 요새를 만들어 상관商館을 세우고, 가톨릭을 전파하며 종교의 힘으로 영지를 확대해갔다.

당시 스리랑카는 3개의 왕국으로 갈라져 반목했다. 포르투갈은 이 틈을 타 바다에 면한 두 왕국을 순식간에 정복해 버렸다. 이 와중에 겨우 남은 것이 중부 산악지대의 캔디 왕국이다. 캔디의 왕은 포르투갈에 대항하기 위해 네덜란드와 손을 잡았다. 포르투갈을 추방하기 위해 네덜란드의 무력을 제공받고, 그에 대한 보상으로 스리랑카 대부분의 지배권을 넘기기로 했다. 네덜란드는 이 계약에 따라 포르투갈을 무력으로 추방했다. 네덜란드가 그렇게 캔디 이외 지역의 지배권을 손에 넣은 것은 17세기 초의 일이다. 그리고 네덜란드 동인도회사가 시나몬 무역을 독점했다.

그러다가 1796년에는 영국이 네덜란드를 대신하게 되었다. 영국은 캔디 왕국을 멸망시키고, 1815년 당시의 실론 전역을 지배하게 된다. 이것이 1948년까지 133년이나 이어졌다.

제2차 세계대전 중 사람들은 독립을 조건으로 영국에 협력했다. 1945년에는 싱할라, 타밀, 무슬림, 혼혈인 버거Burgher 등 스리랑카의 모든 민족이 과거의 응어리를 버리고 독립이라는 하나의 목적을 위해 결속했다. 그 힘으로 영국과 교섭해 독립을 인정받은 것이다. 주변의 인도나 미얀마 같은 나라들이 영국과 전쟁해 겨우 독립을 쟁취했던 것과 달리, 스리랑카는 무혈로 독립을 이뤘다. 스리랑카인들이 자랑스러워할 만한 승리였다.

영연방 자치령으로 독립을 이룬 것은 1948년이다. 포르투갈 시대부터 계산하면 450년 가까이나 유럽 국가들의 지배하에 놓여 있었다. 독립은 당시 스리랑카 사람들에게 있어 염원이자 아직 이뤄지지 않은 꿈이었으니 커다란 기쁨이었으리라.

'시대 정신'이었던 사회주의

제2차 세계대전 종전 이후의 스리랑카 역사를 되짚어 보자. 다행스럽게도 투어 참가자 중에 남아시아 전문가가 있었다. 이바라키현에서 온 가와치 겐이치가 자세히 설명해 줬다.

1948년 영국으로부터 독립한 뒤 통일국민당과 자유당이 정치를 맡았다. 둘 다 영국의 식민지 지배를 뒷받침하던 대농장주들의 정당이었다. 통일국민당은 코끼리, 자유당은 손바닥 모양의 마크를 사용했다. 독립 직후 통일국민당이 집권했다가 1956년에는 자유당의 반다라나야카 총리가 반제국주의와 민족주의를 내걸고 사회주의를 시작했다. 일본에서는 그를 오랫동안 반다라나이케라고 불렀지만, 이는 영어 독음이니 현지 독음에 따라 읽도록 하자.

그 무렵 이웃 인도에서는 네루 총리가 '사회주의형 국가 건설'을 추진하고 있었다. 중국도 그랬고, 미얀마도 마찬가지다. 당시 신흥독립국에서는 사회주의가 '시대 정신'이었다. 그것이 오늘날까지 이어지는 교육과 의료 무상화를 가져왔다. 보통 사회주의라고 하면 일단 토지는 국가 소유고 그 위에 지은 집만이 개인 소유지만, 스리랑카에서는 토지도 개인 소유다.

1955년 인도네시아 반둥에서 사상 최초로 아시아 및 아프리카 신흥독립국의 정상회담이 열렸다. 당시 UN 회원국의 절반이 넘는 나라들이 참가했다. '반둥 10원칙'과 '콘센서스 방식'*이라 불리는 회의 운영방식은 '반둥 정신'으로서 비동맹운동과 지금의 ASEAN에도 계승되고 있다. 이 회의의 계기를 만든 것이 스리랑카, 당시 실론의 총리였다. 그의 호소로 주요국 정상이 콜롬보에서 회의를 열어 준비한 것이다. 비동맹운동은 이후에도 발전해 지금은 회원국이 120개국으로 늘어났다. 옵서버observer 국가까지 합치면

☞   회의에서 투표에 의하지 않고, 의장의 제안에 반대의사가 없다면 합의 consensus에 의해 결정이 이뤄진 것으로 보는 의사결정 방식.

세계 인구의 89%에 달한다.

이듬해 1956년 총선거에서 집권한 반다라나야카는 이 비동맹의 중요성을 내걸고, 영국과 교섭해 콜롬보와 트링코말리항에 있던 영국군 기지를 철수시켰다. 1962년 중국과 인도의 국경분쟁이 일어났을 때는 지지를 요청해온 네루에게 답하지 않고 콜롬보에서 비동맹회의를 열어 평화적인 제안을 해 주목받았다. 여기까지가 가와치의 설명이다.

1972년에는 사회주의에서 자유경제로 전환하고 새로운 헌법을 제정해 국명을 '스리랑카민주사회주의공화국'으로 바꿨다. 대통령제로 전환했지만, 총리가 대통령을 임명하는 변칙적인 체제였다. 대통령제와 의원내각제가 뒤섞인 드문 시스템인데, 이렇게 하면 누가 지도자인지 파악하기 힘들어 혼란을 면치 못한다.

그러다가 1977년 총선에서 통일국민당의 자야와르데네 정권이 발족해 이듬해인 1978년에 또 한 번의 개헌이 이뤄져 정식으로 대통령제를 채택했다. 대통령은 국민투표를 통해 선출되며, 임기는 6년이다. 그리고 대통령이 총리와 장관을 임명한다. 자야와르데네는 1978년부터 1년 반에 걸쳐 비동맹운동 의장을 맡았다. 그의 집권기에 수도가 콜롬보에서 스리자야와르데네푸라코테로 천도됐다.

민족 대립의 내전

자야와르데네가 대통령이던 1983년 본격화한 것이 스리
랑카 내전이다. 민족과 종교의 대립이 혼재해 같은 국민끼
리 서로 죽인 비참한 전쟁이다. 원래 스리랑카 남부는 싱할
라인의 땅이지만, 북부에는 기원전 2세기에 인도에서 이주
해온 타밀인이 살았고 독자적인 왕국을 세운 적도 있다. 하
지만 민족은 달라도 별문제 없이 공존해왔다.

　대립의 계기는 제2차 세계대전 후 영국으로부터 독립할
당시의 내셔널리즘이었다. 당시 식민지주의에 저항하기
위해 불교부흥운동이 고조됐는데, 승려 다르마팔라가 선
두에 서서 "승려는 사원에 틀어박혀 있는 게 아니라 사회
활동을 해야 한다"라고 주장했다. 깨달음을 구하며 조용히
기도할 뿐이었던 불교가 '싸우는 불교'로 변화한 것이다.
캔디의 절에 영국 국기를 바닥에 내려뜨려 질질 끌고 있는
승려의 동상이 서 있었던 것이 이를 상징한다. 그리고 영국
에 대한 저항심으로 싱할라인의 민족주의가 강해져서 기

독교 교회에 불을 지르는 사건까지 일어났다.

1956년 총리가 된 반다라나야카는 민족주의를 억누르면서도 싱할라어를 스리랑카의 유일한 공용어로 정했다. 하지만 타밀인의 반발로 타밀어 사용도 인정했는데, 이에 싱할라 민족주의자들이 격분해 불교 승려가 총리를 암살하고 말았다. 이로 인해 반다라나야카 부인이 세계 최초의 여성 총리로 취임했다. 1972년에는 헌법에서 "불교 수호는 국가의 의무"라고 정했다. 국명도 식민지 시절부터의 이름이던 실론에서 스리랑카로 바뀌었다.

타밀인은 불교 중심의 헌법이 성립되자 분노했다. 고등교육을 받은 실업자 청년들을 중심으로 북부에서 게릴라 조직 '타밀일람 해방 호랑이LTTE'가 결성됐다. '일람'은 타밀어로 스리랑카를 말한다. '호랑이'는 고대 타밀왕국의 상징으로, 싱할라인이 '사자'에 대항하는 의미에서 단체명에 사용한 것이다. 이들은 한때 스리랑카 영토의 3분의 1을 지배했다.

1983년에는 북부 자프나에 주둔하던 싱할라인 병사들이 타밀인 여성을 폭행했다. 이에 분노한 LTTE가 그 싱할라인 병사를 살해했다. 이를 계기로 스리랑카 전역에서 싱할라인의 타밀인 습격 사건이 일어났다. 그 결과 타밀인 500명이 살해당하고, 10만 명이 집을 잃었다. 이때부터 본격적인 민족 대립의 내전에 돌입한 것이다.

게다가 싱할라인 마오쩌둥주의자들이 인민해방전선을 조직해 무장투쟁을 개시했고, 반격을 위해 정부군 내에 암살부대가 조직됐다. 1980년대 스리랑카는 테러의 시대로, "낮의 정부, 밤의 정부, 북쪽의 정부"가 있다는 말이 나돌 정도였다. LTTE에 의한 국영 에어랑카(지금의 스리랑카항공) 폭파 사건이라는 무차별 테러도 있었다.

1987년에는 정부와 LTTE의 평화 합의가 이뤄졌다. 그러나 LTTE의 무장을 해제하기 위해 인도 평화유지군이 주둔하자 이에 반발하는 LTTE와 인도군 사이에 전투가 일어났다. LTTE는 분쟁에 개입하려 한 인도의 라지브 간디 전 총리를 암살하고, 1993년에는 스리랑카의 프레마다사 대통령도 제거했다. 수렁 같은 암살 전쟁이었다. 2009년 정부군의 맹공으로 LTTE가 괴멸되면서 겨우 내전이 종결됐지만, 이때 8~10만 명이 사망하고 피난민은 30만 명에 달했다.

내전으로부터의 부흥

이후 치안이 빠르게 회복됐지만, 지금도 여전히 테러 사건이 일어난다. 하지만 그것은 타밀인이 많은 북부의 이야기로, 중부와 남부의 관광지는 문제없다. 우리가 여행 중일 때도 불안한 움직임은 물론 군인도 거의 눈에 띄지 않았다.

내전을 끝낸 것은 라자팍사 대통령이었지만, 대통령에게 권력을 집중시키는 정책 등으로 민심을 잃어 2015년에는 야당 통일 후보인 시리세나가 대통령에 취임했다. 이후 정국이 안정될 것처럼 보였으나 시리세나 대통령이 2018년 10월 라자팍사를 총리로 임명하자 국회에서 불협화음이 일어나 다음달 불신임안이 가결되는 등 불안정한 상황이 되풀이됐다. 2016년부터는 민족 화해를 위한 신헌법 제정에 들어갔고, 타밀인은 연방제를 주장하고 있다.

스리랑카인은 대체로 온화하지만 전투적인 면도 있다는 사실을 시장에 가보면 알 수 있다. 어느 곳이든 시장 상인은 보통 앉아 있지만, 스리랑카에서는 다들 일어서서 큰소리로 외친다. 이게 꽤 소란스러운 데다 말투도 공격적이다. 자야와르데네는 관용 정신을 역설했으나 정작 국민은 관용과 거리가 있는 모습이다.

그러고 보니 난쨍은 일본인이 증오를 물에 흘려보내는 것이 이해되지 않는다고 했다. 스리랑카에서는 일단 화해 하더라도 앙심을 품기 때문에 나중에 반드시 보복이 뒤따 른다고 한다. 여기에 종교의 차이까지 뒤섞이면 민족 화해 는 여간한 방법으로는 불가능하다.

군대는 징병제가 아닌 지원제다. 인구 2,000만 명인 이 나라에 정규군 병사가 18만 명, 헌병이 3만 명이니 총 20만 명이나 되는 군인이 있다. 인구 대비 1%라니 아무리 생각 해도 많다. 이것이 국가 경제를 압박하는 요소로도 작용하 고 있다.

이 나라에서 가장 오래된 일간지의 42세 편집자 차민다 페리라에게 내전 상황에 대해 물었다. 그는 "LTTE의 무장 훈련을 인도가 하고 있다는 건 주지의 사실입니다"라며 인 도의 내정간섭이 배경에 있음을 지적했다. 그리고 "평화로 워진 지금도 100% 괜찮다고 단언할 순 없지만, 사회가 부 흥기여서 사람들 생활이 드디어 풍요로워졌어요. 민족 전 쟁을 끝내려면 타밀인과 싱할라인에게 여러 상황에서 똑 같이 대처할 수 있는 권리를 주는 게 필요해요. 그렇게만 된다면 분쟁은 일어나지 않을 겁니다. 시리세나 정권이 지금 그 일을 하고 있죠"라고 덧붙였다. 이 나라가 민족 화해의 방향으로 가고 있는 것은 분명하다.

저녁 무렵 기차가 인도양을 따라 놓인 선로 위를 달린다. 전기로의 동력 전환은 아직 먼 이야기라 맨 앞은 디젤 차량이다. 문이 열린 채 달리는 기차에 승객들이 필사적으로 달라붙어 있다. 차체에서 불거져 나온 사람도 많아서 당장이라도 떨어질 것만 같다. 그래도 내전이 끝나 평화로운 상태에서 일할 수 있으니 그나마 나을 것이다.

스리랑카 사람들은 근면하다. 내전이 이어지던 약 30년 동안은 발전으로부터 뒤처진 '잃어버린 30년'이었다. 지금도 산발적인 테러가 일어나지만, 불완전하게나마 평화를 되돌리고 겨우 발전을 향해 나아갈 소지가 마련됐다. 내전으로부터의 회복도 진전되고 있다. 내전으로 파괴된 마음과 건물을 수복하기 위한 국가계획이 진행 중이다. 1990년대 16%였던 실업률은 2010년에 5%로 줄었다. 1990년에 22%였던 인플레도 2010년 4%로 안정됐다. 하지만 여기에 다시 한번 충격을 가하듯 2004년 해일이 밀어닥쳐 3만 명이 사망하고 4,000명 이상이 실종됐으며, 100만 명 이상의 이주민이 발생했다. 이주 비용으로 20억 달러가 필요했는데, 불행 중 다행으로 세계 각국으로부터 30억 달러의 지원금이 전해졌다.

거리를 달리는 차 중에는 일본산이 많다. 이 나라는 수입차에 관세가 많이 붙는다. 일본에서는 300만 엔인 자동차가 스리랑카에서는 750만 엔이나 한다. 그런데도 이토록 많은 일본 차가 달리고 있다. 급속하게 경제가 회복되고 있다는 방증이다. 정국이 안정되지 않는 것이야 아시아에서 종종 있는 일이다. 지그재그로 비틀비틀 걸으며 궁극적으로는 안정을 향하고 있으리라 믿는다.

미래, 그리고 우리에게

교육도 의료도 무료

이 나라는 독립 이전, 즉 제2차 세계대전 중이던 1944년부터 교육을 무상화했다. 그리고 이를 현재까지 이어오고 있다. 차민다는 "식민지 시대에는 교육이라고 할 만한 제도가 없었어요. 독립하기로 결정할 당시 맨 처음으로 모든 아이에게 평등한 교육 기회를 제공하겠다는 생각이 있었던 거죠"라고 말했다.

지금은 5세 때 입학하는 5년제 초등학교부터 4년제 전기前期 중학교를 마치는 13세까지 9년간이 의무교육이다. 교과서도 무료이고, 교복은 국가가 옷감과 재단을 지급한다. 가난한 가정의 아이에게는 식사와 신발까지 제공된다. 불교 관습에 따라 교복은 흰색이다. 종합 및 기술계 국립 대학이 총 51개교나 있다. 15세부터 24세까지의 문해율이 99%인 것은 자랑할 만하다. 지금은 한 학급당 학생 수를 25명 이하로 한다는 규칙도 마련 중이다.

스리랑카에서는 유치원을 '몬테소리'라고 부른다. 이탈리아 의학박사 마리아 몬테소리가 제창한 교육법이 일반화되어 있는 것이다. 몬테소리 박사가 제2차 세계대전의 전화戰禍를 피해 스리랑카에 직접 와서 보급했다. 몬테소리 교육이란 일본에서 흔한 방식인 아이들 관리가 아니라 아이들의 자발성을 존중하고 스스로 사고하게 함과 동시에 배려와 책임감을 기르는 교육 방법이다. 프로 장기에서 신기록을 잇달아 갱신한 후지이 소타도 유치원에서 이 교육을 받았다.

게다가 의료비도 무료다. 영유아 사망률이 낮고, 평균수명도 75.3세(2016년)로 높아 아시아 국가 중에서도 뛰어난 수준이다. 2017년 세계성격차보고서GGI에 따르면, 이 나라의 건강생존율은 세계 1위다. 가난한 개발도상국임에도 불구하고 교육과 의료의 무료화를 이어가고 있는 것은 칭찬

할 만하다.

이웃 나라 인도를 중심으로 한 남아시아와 동남아시아 국가들에 가면 아이들이 구걸하는 모습을 종종 보지만, 스리랑카에서는 그런 일이 거의 없다. 이번 여행에서 돈을 달라던 아이들은 차밭에서 만난 타밀인 아이들뿐이었다. 민족 화해를 위해 싱할라인 학교에서도 싱할라어뿐 아니라 영어와 타밀어를 초등학교 1학년 때부터 가르친다. 그러니 누구라도 3개 국어를 구사할 수 있지만, 아이들로서는 물론 쉽지 않다.

아이들이 어떻게 지내는지 보기 위해 수도에 있는 아난다대학을 찾았다. 불교계 명문 남학교다. 초·중·고가 함께 있어 1학년생부터 13학년생까지 학생 6,000명, 교사는 300명이나 된다. 교문과 바로 이어진 방에는 높이 3m의 크고 흰 붓다 좌상이 놓여 있다. 그 앞을 지나갈 때는 교사와 학생 모두 합장한다. 교복은 흰색 긴팔 셔츠에 긴 바지, 붉은 넥타이를 맨다. 사리를 걸친 일본어과 여교사 안주가 안내를 맡아줬다.

강당에 들어서자 학생들이 무대에서 전통 노래를 부르고 있다. 랩 같은 창법에 꽉 움켜쥔 주먹을 휘두른다. 여성에게 말을 걸 때의 모습을 노래로 만든 거란다. 16~17세쯤 돼 보이는 일본어와 학생에게 일본어를 공부하는 이유를 물으니 "대학에서 일본어를 가르치는 교수가 되고 싶다"라고 했다. 그러나 막상 대학을 나와도 청년 실업률이 높아 직업을 찾기는 쉽지 않다고 한다. 외국으로 돈 벌러 가는 사람이 많아서 150만 명 이상이 세계 각지에 흩어져 있다.

한편, 이 나라의 높은 여성 지위는 실로 놀라울 정도다. 여성참정권을 포함한 보통선거 제도가 1931년에 이미 도입됐다. 1960년에는 세계 최초의 여성 총리가 탄생했다. 암살당한 반다라나이케 총리의 부인 시리마보다. 1994년에는 그의 딸 쿠마라퉁가가 대통령으로 취임하고, 자신은 총리를 맡았다. 대통령과 총리가 동시에 여성이라는 세계적으로도 드문 사례다. 남편의 비명非命으로 아내가 '복수전' 끝에 정치가로 데뷔해 명가의 혈족 지배를 이어가는 형태였지만, 어쨌든 여성이 실제로 국정의 선두 자리에 선 것만은 분명한 사실이다.

산업과 국민 생활

옛날 이 나라의 산업은 벼농사를 중심으로 한 농업에 수출품은 차와 천연고무뿐인 전형적인 모노컬처 경제였다. 지금도 전체 노동 인구의 절반이 농민이거나 농업 관련 직업에 종사한다. 하지만 국내총생산GDP에서 농업이 차지하는 비율은 10%대에 지나지 않는다. 주요 수출품은 섬유와 의류로, 수출의 7할을 공업 제품이 점한다. 그런데 좀 더 자세히 살펴보면, 공업이라고 해도 저임금 노동자들이 쭉 늘어선 봉제공장에서 열심히 옷을 만들거나 고무로 타이어를 제조하는 일이 주류다. 또 하나, 일본의 고급 도자기 브랜드인 노리다케는 스리랑카에 공장을 두고 여기서 전 제품의 7할을 생산한다.

그렇다면 국민이 받는 급여는 얼마일까? 차밭에서 차를 수확하는 여성의 임금이 하루 1,000루피 정도라고 난짱에게 들었다. 호텔 벨보이는 하루 2,000루피쯤 받는데, 팁에 의지하지 않으면 생활이 되지 않는다. 레스토랑 종업원은 월 3~4만 루피, 일반 공무원은 월 4만 루피, 교사는 월 5만 5,000루피, 의사는 월 10만 루피, 재판관이 가장 고소득으로 월 15만 루피를 받는다. 그러니 난짱도 통역을 하기 전까지 재판관을 꿈꾸며 재판관 비서 생활을 했던 것이다.

공무원은 55세가 정년이지만, 희망자는 60세까지 일할 수 있다. 퇴직하더라도 사망할 때까지 매달 3만 5,000루피 정도의 연금이 나온다. 본인이 사망하면 배우자가 이어받아 연금을 수령한다. 꽤 좋은 제도다. 1년 내내 따뜻한 날씨라 옷값도 얼마 들지 않으니 살기 편한 사회라는 게 충분히 납득이 간다. 그래서 구걸하지 않고는 살아갈 수 없는 극빈층이 없다.

중국은 경제면에서 확실하게 진출해 있다. 차민다는 "중국의 투자가 압도적으로 많습니다. 남부 항구는 중국의 전액 투자로 건설했죠. 20억 달러나 되는 자금이 들어가 있어요. 콜롬보 항구도 중국이 매립해 개발을 진행하고 있습니다. 이전 정권이 중국을 지나치게 신뢰해 권리를 양도했기 때문이죠. 스리랑카는 중국에 거액의 빚을 져서 약 90년간 중국 민간업자에게 항구를 리스해 사업을 맡기는 상황에 이르렀어요"라고 설명했다.

일본도 고속도로 건설 등을 하고 있지만, 중국과 인도에 비하면 한참 뒤떨어진다. 차민다는 "국민으로서 일본에 말하고 싶어요. 중국이나 인도는 뒤로 무슨 생각을 하는지 알 수 없지만, 일본은 그렇지 않거든요. 그러니 전후 일본이 복구할 당시 자야와르데네가 했던 일을 상기해줬음 좋겠어요"라고 말했다.

그밖에 다른 문제도 있다. 스리랑카는 농업국이면서 식량 자급률이 40%밖에 되지 않는다. 이 수치는 일본과 무척 비슷한데, 이와 관련해 일본이 스리랑카에 협력할 부분도 얼마든지 있다고 한다. 일본은 샌프란시스코의 은혜를 갚아야 하지 않을까? 원래부터 일본은 스리랑카의 최대 원조국이기도 하다. 국영TV 방송국과 종합병원도 일본의 원조로 만들어졌다. 하지만 최근 들어 일본의 원조는 군사 분야에 편중되어 있다. 2014년 아베 총리가 스리랑카를 방문했을 당시 일본의 해상자위대와 스리랑카 해군의 협력 추진을 약속했다. 또 중국의 해양 진출에 대항하기 위해 스리랑카에 순양함 2척을 선물했다. 같은 불교국가로 존경받는 일본인데, 아베 정권의 스리랑카 원조는 군사 분야가 중심이었던 것이다.

밥과 카레

스리랑카를 여행하면서 매일 먹었던 게 '밥과 카레'였다.

언제라도 식사 시간에 레스토랑에 들어가면 카레 냄새가 났다. 아니, 정확하게는 카레라기보다 스파이시향이 났다. 그래도 일본 카레와는 전혀 다를 만큼 별개의 음식이다. 애초에 인도인이 일본에서 카레를 먹어보고 "이거 맛있네요. 무슨 요리인가요?"라고 물었을 정도로 일본 카레와 본고장 카레는 다르다.

레스토랑은 거의 뷔페 형식이다. 우선은 고봉처럼 담아놓은 라이스를 원하는 만큼 큰 접시에 담는다. 밥은 찰기가 없고 부슬부슬 흩어진다. 스리랑카 쌀은 일본처럼 둥근 알갱이의 자포니카종이 아니라 길쭉하게 생긴 인디카종이다. 밥 짓는 방법도 다르다. 쌀눈이 없어지는 시점에 쌀뜨물을 쏟아낸 뒤 밥을 따로 담는다. 그렇게 하고 나면 부슬부슬 찰기 없는 밥이 완성된다.

그리고 작은 접시들을 늘어놓은 뒤 각양각색의 카레 요리를 담는다. 어딜 가든 볼 수 있는 것이 달(콩)카레다. 그밖에도 가지카레, 치킨카레, 당근카레 등 식재료에 따라 나뉜다. 일본처럼 감자나 당근 등의 식재료를 섞는 게 아니라, 소재별로 독자적인 맛을 즐긴다. 일본에서 흔히 보듯 걸쭉하지도 않고 수프 같은 형태다. 이 중에서 좋아하는 카레를 먹고 싶은 만큼 밥 옆에 담는다.

이윽고 큰 접시는 맨 가운데 밥의 산 주변으로 여러 가지 카레의 낮은 산들이 둘러싼 형상이 된다. 테이블에 앉아 포크로 먹어도 되지만, 이곳의 전통 방식은 손으로 먹는 것이다. 우선은 식탁에 놓인 그릇에 담긴 물로 오른손 손가락을 씻는다. 왼손은 부정하다고 여겨지므로 쓰지 않는다. 오른손 손가락으로 카레와 밥을 섞어 한입에 들어갈 만큼 작은 덩어리로 만든다. 이때 손가락 맨 앞 관절만 사용하는 게 포인트다. 일식에서 젓가락 끝을 사용하라는 것과 마찬가지다. 그 뒤에는 손가락으로 덩어리를 잡고 입으로 가져가 엄지로 누르면서 입에 넣는다. 밥에 찰기가 없어서 손가락에 밥풀이 묻지 않는다.

요리를 늘어놓은 한쪽에는 사용된 향신료가 전시되어 있다. 커민, 시나몬, 카다멈, 고수, 정향, 레몬그라스, 고춧가루 등 12종류를 늘어놓은 가게도 있다. 아유르베다의 향료원에서도 본 것이다. 이를 조금씩 각자의 방식으로 조합해 가게에 따라 맛도 달라진다. 이렇게 잘 사용하면 일종의 한방 요리처럼 입맛도 돌고 혈액순환도 잘되지 않을까?

타밀어로 밥에 끼얹는 장국 같은 소스를 '카리'라고 한다. 그것이 '카레'라 불리게 됐다. 소스는 몇 가지 향신료를 갈아 으깨어 조합하고, 단무지에도 쓰이는 강황 때문에 노란색이 난다. 코를 톡 쏘는 향은 카다멈에서 나온다. 고춧가루와 후추는 매운맛을 내는데, 원래는 지금만큼 맵지 않았다. 콜럼버스가 신대륙에서 고춧가루를 유럽으로 가져오고, 이것이 유럽인에 의해 인도로 전해지면서 강렬한 매운맛을 내게 되었다. 한국의 김치도 고춧가루를 넣기 전에는 그렇게 맵지 않았다. 스리랑카 카레는 인도보다 맵다고 『인도 카레 기행』(이와나미주니어신서)*의 저자 가라시마 노보루가 적고 있다.

일본 카레

우리가 평소 먹는 카레는 인도에서 온 게 아니라 영국에서 넘어온 '서구 요리'다. 『일본대백과전서』 제6권(쇼가쿠칸)에 따르면, 영국의 초대 인도총독 헤이스팅스가 1772년에 '카리'를 가지고 영국에 돌아왔다고 한다. 고스게 게이코

☞　한국어판은 『카레로 보는 인도 문화』, 김진희 옮김, AK, 2020.

는 『카레라이스의 탄생』(고단출판사학술문고)에서 자신이 가져온 것이 가람 마살라, 향신료, 쌀이었다고 적었다. 가람(뜨거운) 마살라(혼합물)는 혼합 향신료다.

이를 크로스 앤 블랙웰C&B이 영국인의 입맛에 맞게 개량해 빅토리아 여왕에게 헌상했다. 이 회사는 이를 카레 가루로 만들어 '카레 파우더'라는 이름으로 시판했는데, 그것이 일본에 전해진 것이다. 처음 일본에 '카레'라는 말을 소개한 것은 후쿠자와 유키치다. 간린마루호를 타고 미국으로 건너간 그는 샌프란시스코에서 중국어와 영어 사전을 발견하고, 이를 일본어로 번역해 출판했다. 거기 보면 'Curry·콜리'라는 기술이 있다.

메이지 정부가 서구 문화를 채용하려고 1871년 이와쿠라 도모미를 특명전권대사로 하는 시찰단을 파견했을 때 일행들이 실론에서 '라이스 카레'를 먹었다. 1873년에는 오쿠보 도시미치, 1900년에는 나쓰메 소세키가 영국 유학 도중 콜롬보에 가서 이를 맛봤다고 한다.

1872년 간행된 『서구요리지남』에는 '카레' 만드는 법이 나와 있다. 파, 생강, 마늘을 잘게 썰어 버터에 볶아 물을 넣고, 닭과 새우, 도미, 굴, 송장개구리 등을 넣어 끓인 뒤 카레 가루를 넣어 1시간 더 끓인 후 소금과 밀가루를 넣는다고 되어 있다. 밀가루를 넣어 걸쭉하게 만드는 것은 영국 전래의 요리법이다.

1873년에는 이미 일본 육군유년학교 메뉴에 '라이스 카레'가 포함돼 있었다. 일본 카레에 들어가는 감자, 양파, 당근을 '3종 신기神器'라고 하는데, 이것이 완성된 때가 메이지 시대 말엽이다. 절임 반찬을 곁들이게 된 것은 일본유센이 일등선실 식당에서 제공한 것이 시작이며, 이등선실은 단무지였다고 한다. 이렇게 일본에서 전파된 카레는 오늘날 라멘과 더불어 국민 메뉴로 자리 잡고 있다. 우동과 결합해 카레 우동이 되거나 빵과 만나 카레 빵을 탄생시키기도 했다.

라이스 카레인가, 카레라이스인가 명칭을 놓고 종종 논쟁이 벌어지곤 하는데, 모리에다 다카시는 『카레라이스와 일본인』(고단출판사학술문고)에서 메이지 초기에는 두 표기 모두 사용됐지만, 메이지 10년 무렵부터 라이스 카레로 통일됐다는 가설을 제시한다. 한편, 앞서 언급한 『카레라이스의 탄생』에 따르면, 쇼와 초기 카레가 서민 식탁에도 오르게 되어 '카레라이스'로 바뀌었다는 기술이 나온다. 요시

유키 준노스케는『미각의 기록』(분리서원)에서 서구풍인 것이 카레라이스, 일본풍으로 각색된 것이 라이스 카레라 구별한다. 이런 가설은 여러 개 있지만, 나는 무엇보다 오므라이스나 하이라이스 등과 같이 뒤에 '라이스'를 붙이는 편이 일본어로 말하기 쉽기 때문이 아닐까 생각한다.

어쨌든 스리랑카 여행에서 접한 매운 카레 옆에는 반드시 달콤한 디저트가 있었다. 정말 철저한 단맛이다. 카레를 먹고 얼얼해진 혀를 물소 젖으로 만든 요구르트나 코코넛 케이크, 망고나 파파야 등의 과일로 달랜다.

같은 카레라도 스리랑카는 인도 카레와 어딘가 다르다고들 한다. 이는 요리에서 사용하는 기름의 차이다. 인도에서는 동물성 지방을 쓰지만, 스리랑카에서는 몸에 좋은 코코넛 오일을 쓴다. 동물성과 식물성의 차이가 있는 것이다. 스리랑카 사람들이 온화해 보이는 것은 평소 식물성 기름을 섭취하기 때문일지도 모르겠다. 느닷없이 이런 말을 하면 믿기 어려울지 모르지만, 난짱은 "스리랑카 카레를 먹으면 모기에 물리지 않는다"라고도 했다.

우리에 대해 생각하는 계기로

여행을 다녀온 뒤 동행한 이들끼리 모여 서로의 감상을 나눌 기회가 있었다. 그리고 여기서 한발 더 나아가 지리 교육자인 고바야시 히로시 선생의 제안으로 114페이지의 보고서까지 만들었다.

고바야시는 "발견이 있는 여행이었다"라면서 니체의 "발밑을 파보라, 그곳에 샘이 있다"라는 말을 인용했다. 구체적인 발견으로, 스리랑카의 인구 밀도가 일본에 가까울 정도로 높다는 것과 삼림 면적 비율이 일본의 절반 정도밖에 되지 않음을 지적한다. 일본인이 자야와르데네에 대해 거의 알지 못하는 것도 문제라고 느꼈다. 보고서 제안 이유에 대해 "'전후가 전후가 아닌 시대'가 올지도 모른다는 위기감이 있다. 현지에서 알게 된 것을 전함으로써 일본과 스리랑카가 더욱 '서로 마주보는 관계'가 되어 세계 평화, 인권, 환경, 교육 등을 생각하는 데 일조하기를 바란다"라고 적었다. 나아가 귀국 후 일본에서 파는 '오후의 홍차 밀크티'는 캔디의 찻잎, '오후의 홍차 레몬티'는 누와라엘리야의 찻잎, '오후의 홍차 스트레이트 티'는 딘브라의 찻잎으로 제조했다고 표기되어 있음을 깨달았다고 했다.

지바현의 전직 교사 마치다 노리코는 "높은 여성의 지위에 놀라고, 깊은 불교 신앙에도 놀랐다"라고 했다. 또 "일본도 예산 사용 방식에 따라 교육 및 의료 무상화를 이룰수 있을 것이다. 우리 현실에 대해 생각하는 좋은 계기가됐다"라고 덧붙였다. 히로시마의 이시카와 유키에도 스리랑카가 교육과 의료 무상화를 실현하고 있음에 놀라며 "이작은 나라가 해냈으니 일본에서도 정치의 힘으로 가능할것"이라는 견해를 피력했다.

오사카의 전직 교사 히로타니 도시코는 스리랑카의 교육환경에 일본 교육을 비춰봤다. "일본 학교는 아이들을억압하고 학교 간 격차도 벌어지고 있다. 아침 식사를 거른채 등교하는 아이들도 많다. 평등한 교육의 기회가 제공되고 있다고 생각하지 않는다. '무엇을 소중히 할 것인가'가정치다"라는 생각을 내비쳤다. 그리고 "일본과 뭔가 다르다. 약자에 대한 시선의 차이일지도 모르겠다. 서로에 대해생각해주는 상냥함을 가진 사회를 만들기 위해 노력해야한다"라고 썼다.

도쿄의 변호사 가미조 사다오는 "치아 하나를 1,000년넘게 지키는 민족이 있다. 맛본 적 없던 감동을 느끼며 에너지를 받았다"라고 말했다. 아내인 가미조 오시코는 아유르베다 치료용 오일과 연고 세트를 사서 골절 후 통증이 계속되던 발에 발라봤더니 다음 날 아침부터 통증이 거짓말처럼 사라졌다면서 전통 의학의 효과에 놀라고 있었다. 마찬가지로 놀라움을 표시한 이가 히로시마의 오하타 나미에다. 약용 오일 덕분에 손가락이 트는 고민이 해소됐다고 한다. 또 "경제 대국도 아닌데 의료비와 교육비 무료를 관철하며 국민을 소중히 하는 스리랑카는 말 그대로 스리랑카(빛나는 섬)입니다"라는 의견을 전했다. 아유르베다 치료를 체험했던 가나가와현의 다니하라 구니코는 "사람들의 부지런한 모습에 감동했다"라고 회고했다.

홋카이도 참가자 오가와 도모코는 "풍요의 기준이 달랐다"라고 지적한다. 나고야의 이시카와 미호코는 "전문학교와 농업시험장을 만들고 기술을 지원해 좋은 채소와 쌀 수확량 증대에 기여함으로써 은인의 나라에 보답하자"라며 구체적인 보은 방법까지 제안했다. 남편인 다쓰야는 나비 채집이 취미여서 포충망까지 가져갔지만 6마리밖에 잡지 못한 일을 회고하면서 "남북으로 길고 온대에 있는 일본 자연의 풍요로움이 흔하지 않음"을 재확인했다.

아이치현의 다카기 레이지는 아침저녁 산책할 때 호텔 종업원용 출입구에 안치된 불상에 오토바이로 출근한 젊은이가 헬멧은 물론 신발까지 벗고 예배드리던 모습을 보고 신심이 승려뿐 아니라 일반 시민의 마음에까지 스며들어 있음을 실감했다고 한다. 도쿄의 다나카 요시코는 일본어과 학생들을 만나 "타국 언어를 배운다는 건 그 나라의 문화, 역사, 사람들의 생활을 오롯이 배우는 일이자, 그 나라 사람들을 좋아하게 되는 일임을 실감했다"라고 했다. 사이타마현의 시오타 도시아키는 차밭에서 마주친 아이들의 얼굴에 감동했다. "인간을 신뢰하는 구김 없는 얼굴, 평온하며 청초한 모습, 자연 속에서 기른 차분한 태도"를 느끼며 "그 웃는 얼굴이야말로 격차가 작은 나라 특유의 것"임을 실감했다고 회고했다. 도쿄의 도키 노부코는 "들개조차 굶주리지 않고 구김 없이 산다. 사원 참배길에서는 인간과 원숭이가 공존한다. 동물의 목숨도 평등하고 소중히 여기는 나라, 평온하게 안심하며 지낼 수 있는 나라임을 느꼈다"라고 했다.

아오모리현에서 온 나카무라 아사코의 느낌도 이와 다르지 않다. "불상은 고인을 의미한다고 생각했는데, 고인

반대편에 계신 분임을 배웠다. 불상과 절에 귀의하는 사람들의 느긋함, 대범함, 안심의 경지를 봤다. 불상은 무엇이라도 용서해줄 것 같은 자애로운 느낌이었다. 지금까지 지고 있던 무거운 짐, 녹슨 것들이 죄다 벗겨지면서 마음이 홀가분해졌다"라고 했다. 나카무라는 이번 스리랑카행이 생애 첫 해외여행이었다. 그는 아직도 "(여행에서의 시간을) 떠올려보면 놀라움과 웃음이 북받쳐 올라온다"라고 말했다.

맺음말

사람은 누구나 인생에서 빛나는 시기가 있다. 마찬가지로 어떤 나라든 역사에 빛나는 시대가 있고, 머지않아 해가 저무는 나날을 맞았다가 언젠가 다시 도약한다.

지금 일본은 가라앉는 중이다. 전후의 부흥과 고도성장을 경험한 뒤의 긴 정체기, 나아가 '추락하는 일본'이라 불릴 만큼의 내리막길을 굴러떨어지고 있는 느낌이다. 경제대국이라 불렸으나 그 지위를 중국에 추월당했으며, 앞으로 어떻게 하면 좋을지 정부는 비전을 제시해주지 못한다. 일본 전후 역사에 있어 지금처럼 자신감을 가질 수 없는 시대도 드물지 않을까?

불안을 가중하는 요소로는 원전 사고, 미군기지, 민주주의의 실종, 저출산, 그리고 무엇보다 국민이 삶의 목표를 가질 수 없게 됐다는 문제가 있다. 특히 일본의 미래를 책임질 젊은이들에게 그런 경향이 강하다. 그럼 어떻게 해야 할까? 추상적인 말이나 무의미한 격려가 아닌 사실에 근거한 해답에 다가가 보자. 아시아의 작은 나라들을 보면 된다. 한국 시민은 국민을 망각한 대통령을 권력의 자리에서 끌어내렸다. 한국 '민중'의 역사와 움직임을 보면 우리가 해야 할 일이 명확하게 보이기 시작한다.

베트남 사람들이 어떤 마음으로 외세에 대항해 싸웠을까? 그것을 재차 알아보면 '해방전쟁'이라는 말이 갖는 무게가 보인다. 그것은 조국의 해방이며, 인간의 해방이다. 제2차 세계대전 이전 일본의 군대와 달리, 진정 국민의 편에 섰던 군대가 무엇인지를 베트남 사람들의 싸움을 통해 배울 수 있다.

오늘날 일본이 안고 있는 미군기지와 원전을 어떻게 할 것인가 하는 두 가지 커다란 문제의 해답을 필리핀이 제시해준다. 이 나라에서는 '피플파워'라는 말이 상징하는 시민운동이 시민 본위의 정치를 만들어냈다. 때로는 폭주할 때도 있지만, 그저 침묵하며 참고 견디는 일이 많은 일본인에게 자극이 될 만하다.

스리랑카는 전후 일본에 알려지지 않았던 막대한 공헌을 했다. 전쟁 전에 침략 행위를 일삼은 일본을 전후 재출발 당시에 따뜻한 눈으로 맞아준 일을 기억하자. 아직도 위안부 문제나 강제동원 배상 문제 등 일본 정부의 전후 처리와 관련해 부끄러운 어리석음이 부각되고 있다. 이제 일본이 아시아와 어떻게 마주해야 할지, 그 방향이 분명히 보일 것이다. 다시 한번 묻고 싶다. 지금의 일본은 세계에 자랑할 만한 나라인가?

헌법을 옹호해야 할 정부가 전쟁 전 전체주의에 대한 향수에 빠져 헌법을 전쟁 이전으로 되돌림으로써 민주주의를 짓밟으려 한다. 논의가 이뤄져야 할 국회에서는 여당이 다수결로 대화를 봉쇄하고, 총리가 변변한 답변조차 내놓지 않은 채 주요 법안을 멋대로 결정해 버린다. 일본의 민주주의는 명확히 후퇴하고 있다.

제2차 세계대전 후 평화국가로서 재출발했음에도 정부는 자위대를 확대하고, 방위예산의 제동장치를 없앤 뒤 막대한 세금을 투입하려 하고 있다. 세계에서는 미군기지가 줄어들고 있건만 일본은 예외다. 그래서 세계에 주둔하는 미군의 3분의 1이 일본에 집중될 정도다. 게다가 일본의 수도나 오키나와도 상공은 미군이 관리한다. 오키나와의 민의보다 미군의 의도를 우선한다. 이것은 독립국이 아니다. 식민지 상태다.

일본이 자랑으로 삼아왔던 경제대국이라는 말도 이제는 공허하게 들린다. 국가 경제는 책무뿐이다. 대기업은 내부보유를 늘리고, 임원에게 터무니없이 많은 보수를 주는 한편, 직원에게는 땀 흘려 일한 만큼 지급하지 않는다. 블랙기업이 방치되어 사회적 격차가 확대되고 있을 뿐이다. 이름 높은 기업은 제품 검사에서 부정을 저지른다. 이런 나라가 무슨 선진국인가?

일본 사회가 자랑해온 모럴이 붕괴되고 있다. 이대로 손 놓고 있으면 일본은 더더욱 몰락할 것이다. 현세대만 힘들어지는 게 아니라 아이들과 자손들에게 살기 힘겨운 사회를 물려주게 된다. 그렇게 하고 싶지 않다면 지금 행동에 나서야 한다. 무엇을 해야 할까? 그것을 아시아 사람들이 온몸으로 가르쳐주고 있다. 그들에게 겸허히 배움으로써 모두가 살기 좋은 사회를 만들기 위해 분투해야 한다.

『늠름한 소국』을 출판한 지 2년 가까이 된다. 영화 〈볼드
피스A Bold Peace〉가 일본 전국에서 상영된 덕분에 이 책에
쓴 코스타리카가 주목을 받았다. 새로이 세계의 소국, 그것
도 가까운 아시아 국가들에 눈을 돌리니 오늘날 일본에 대
한 수많은 교훈으로 가득 차 있음을 깨달았다.

나는 1990년대에 미군기지 반환 등과 관련해 필리핀을
세 번 취재했다. 후쿠시마 원전 사고가 있던 이듬해인 2012
년에는 후지국제여행사가 주최한 '이토 치히로 씨와 함
께 가는 필리핀' 투어에서 폐로된 필리핀 원전과 반환 이
후의 기지를 방문했다. 베트남에는 1989년부터 몇 번이나
찾아가 『관광코스가 아닌 베트남』(고문연)이라는 책을 썼
다. 2013년에는 후지국제여행사가 주최한 '이토 치히로 씨
와 함께 가는 베트남' 투어로 3월과 10월 이 나라에 갔다.
2018년에는 같은 회사의 투어로 스리랑카를 방문했다. 한
국은 1988년과 2000년에는 아사히신문 기자로서, 2015년
에는 프리 저널리스트로서 현지를 찾았다.

이 책에서 전하려는 것은 그곳에서 본 삶의 모습이다. 그

들은 실로 '늠름'했다. 그 살아가는 모습은 일본 또한 늠름하게 살아가도록 고무함과 더불어, 일본과 아시아의 관계를 재고하게 해준다.

여행을 적극적으로 기획, 실행해준 후지국제여행사의 오타 쇼이치 사장과 현장에서 함께해준 엔도 아카네, 사이스 카가리, 오지마 레이코, 야마자키 히토미에게 적잖은 신세를 졌다. 이 책의 간행에 즈음해 격려해주시고 원고를 구석구석 읽으며 적절한 지적을 해주신 신일본출판사의 다도코로 미노루 사장님과 정성스레 교정해주신 마쓰다 모토코, 곤도 유키에에게도 특별히 감사의 마음을 전하고 싶다.

이 책을 읽음으로써 아시아를 더욱 가깝게 느끼고, 일본을 변혁하는 동력을 얻을 수 있기를 바라마지 않는다.

2019년 1월 베트남전쟁 구정 공세로부터 51년 되는 날

이토 치히로

옮긴이의 말

'퍼주기'라는 표현이 못내 거슬린다.

원래 '퍼뜨리다'라는 표준말 동사의 사투리지만, 사전적 의미와 전혀 다르게 쓰여서다. 풀어보면 대략 "(부족한, 혹은 과분한) 상대에게 자신이 가진 뭔가를 '속없이, 필요 이상으로' 안긴다"라는 정도의 뜻인데, 어감도 거칠뿐더러 발화 의도부터 악의적이다. 더욱 심각한 점은 이 표현이 요 몇 년 새 정계나 언론계의 국제관계나 정책에 대한 언급에 자주 등장한다는 사실이다. 일상 회화에서 쓰는 것조차 무리가 있는 언어가 나라와 나라, 그 성원들과의 교류와 소통에 대한 이야기에 등장한다니 한숨이 절로 난다.

'이 사람, 왜 이렇게 민감한 거야?'라며 의아해하실 분들을 위해 이유를 들어 보면, 우선 '퍼주기'라는 말은 '시혜적 charity-like'이다. 모두가 동등한 주체로서 교류하고 소통하는 게 기본인 오늘날의 국제관계와는 거리가 있다. 게다가, 시혜적 태도는 천부적으로 주어지는 평등권을 경시하게 만들 수 있다는 점에서 위험하다. 21세기의 세계가 협력을 부르짖는 이유는 인류에게 주어진 생존의 조건 자체가 '호혜적reciprocal' 태도를 필요로 하기 때문이다. 거의 모든 국제 기구에서 (원론적일망정) G8에도 오로지 한 표, 일부 몰지각한 이들이 종종 희화화하는 특정 지역 국가에도 동등한 한 표의 권리가 주어지는 이유는 이러한 관계 설정이 심지어 득실 차원에서 보더라도 유효해서다.

하지만 코로나19가 이와 같은 인식의 현실적 토대가 되는 국제 사회의 인적 · 물적 교류를 차단했던 요 몇 년 새 우리 사회 일각의 모습은 어땠을까?

고백하면, 코로나19가 확산 일로에 있던 당시 필자를 지치게 한 것은 역병의 공포가 아니라 감염자 수를 비교적 효과적으로 통제하는 현실에 대한 자신감이 낮은 일부 사람들의 비뚤어진 우월의식이었다. 다른 나라의 감염자 · 사망자 수가 무슨 올림픽 메달 집계나 주가지수처럼 뉴스채널을 장식했고, 호사가들은 단지 다른 나라에 비해 수급 상황이 원활했을 뿐인 검진키트와 마스크가 코로나19의 유일한 해결책이며, 세계인이 모두 우리에게 머리를 조아린 채 손이라도 벌리고 있는 양 떠들어댔다. 스페인 독감 이후 한 세기 동안 대규모 감염증을 거의 경험해보지 못한 탓에 속수무책일 수밖에 없었던 이들의 처참한 상황을 재미있다는 듯이 다루던 국가기간 뉴스통신사, 외신기사 원문에 있던 구급차 사진을 굳이 SNS에 떠도는 코로나19 사망자들의 시신을 비닐봉지로 대충 싸놓은 사진으로 바꿔 게재한 기사를 보며 정신이 아찔해질 만큼 분노를 느끼던 기억이 새롭다.

『늠름한 아시아』는 바로 이 시기, 여행을 비롯한 거의 모든 상호교류가 사실상 사라진 숨 막히는 생활을 벗어날 수 있는 대리 체험을 제공하고, 팬데믹 이후를 꿈꾸게 해줬다는 평가를 받으며 사랑받았던 인문·사회과학 서적 여행서 『늠름한 소국』의 자매서다. 세계를 보는 열린 시각, 특히 한국을 바라보는 애정 어린 시각은 물론, 칠십 평생 국제관계 저널리스트로 활약하며 쌓아온 연륜과 전문 지식까지 갖춘 저자는 이번 책에서 우리가 속속들이 알지 못했던 여행지를 아시아로 좁혀 더욱 흥미로워진 이야기를 전한다. 특히 그 첫 목적지가 바로 대한민국이라는 점은 의미심장하다. 무려 30년 세월에 걸쳐 기록된 저자의 한국 기행은 오늘 우리의 발전상을 가늠함과 더불어, 그동안 잃어버린 것들은 무엇이었는지 반추하게 해준다. 이어지는 베트남, 필리핀, 스리랑카 등에 관한 내용도 차고 넘치는 수박 겉핥기식의 지식과 격이 다른 깊이가 있다. 흔히 할 수 없는 공부의 기회임과 동시에 언젠가 그 나라를 찾았을 때 풀 한 포기, 나무 한 그루조차 다시 바라볼 수 있도록 하는 계기가 되어줄 것이라 믿어 의심치 않는다.

『늠름한 아시아』의 한국어판 출간을 앞둔 이 순간, 많은 분의 이름이 머릿속을 스친다.

두 번에 걸친 책의 번역을 허락해주시고, 한국 독자 여러분에 대한 애정, 아울러 필자와 나름북스에 대한 깊은 신뢰를 담은 서문을 보내주신 저자 이토 치히로 선생님, 언제나 가장 가까운 자리에서 사랑으로 격려해주신 다도코로 미노루 전 신일본출판사 대표이사 사장님, 존재만으로 큰 힘이 되는 형이자 자랑스러운 은사 시미즈 다카시 도쿄대학 대학원 종합문화연구과 교수, 캔자스에서 만난 둘도 없이 소중한 동생이자 태산처럼 믿음직한 동맹군 하야시 리 류타 감독, 두려움을 떨치고 인생을 살아갈 용기와 지혜를 전해주시는 호시노 테츠야 감독님, 평론가로서 약진할 수 있는 길을 열어주시고 이끌어주시는 미야와키 유스케 마이니치 신문사 영업본부 기획업무부 기획위원, 저널리스트의 거울 같은 선배, '최후의 영화기자' 카츠타 토모미 마이니치 신문 〈히토시네마〉 편집장, 경애해 마지않는 영화적 스승이자 다정한 멘토 하라다 마사토 감독님, 필자를 "나를 가장 이해해주는 친구"라는 영광된 호칭으로 불러주시는 카타시마 잇키 감독님, 비주얼리스트로서의 미학적 세계관을 전수해주시고 평론가로서 필자의 행보를 든든히 지원해주시는 테즈카 마코토 감독님, 대화의 희열을 느끼게 해주시는 지혜로운 친구 유키사다 이사오 감독, 괴팍하기 짝이 없는 필자에게 과분하리만치 너그러운 친구 미시마 유키코 감독, 영화와 세계에 대한 신념을 공유하는 친구 사토 신스케 감독, 필자의 말 한마디 한마디를 마음으로 들어주는 동지 후카다 코지 감독, 말없이 필자를 지지하며 내일의 희망을 함께 가꾸고 있는 파트너 시오 무츠코 다카사키

영화제 프로듀서, 필자가 소개하는 책들을 한국의 독자들을 위해 최적화된 '멋진 신간'으로 재창조해주신 나름북스의 조정민, 최인희, 자랑스러운 동지들, 난관이 닥칠 때마다 두 팔 걷어붙이고 나서주는 형, 김용민 건국대학교 KU 중국연구원 연구전임교수, 이인삼각으로 내일을 향해 달리고 있는 가장 가까운 동료이자 가족, 넓고 따뜻한 마음의 후원자 〈코아르〉 오세준 발행·편집인, 멋진 인생을 선사해주신 "홍상현의 인터뷰" 독자님들, '하여간 독특한 친구'를 너그러이 이해하고 지켜봐주는 〈경향신문〉 기획취재부 김재중 부장, 처음 뵌 이래 이날까지 이어지는 끝없는 호의에 감사한 마음 말로 다 할 수 없는 마리끌레르 코리아 손기연 대표님, 인정과 신뢰로 필자의 곁을 지켜온 한결같은 사내, 전주신흥고등학교 최 선생 재훈이 형, 영화·영화제를 향한 순수한 열정으로 다시금 필자를 되돌아보게 해주신 정준호 공동집행위원장님, 20년 넘는 세월을 한결같이 사회적으로나 인간적으로나 지지와 조력을 아끼지 않으시는 든든한 버팀목 민성욱 전주국제영화제 공동집행위원장님, 항상 놀랄 만한 새로움을 가르쳐주시는 신철 부천국제판타스틱영화제 위원장님, 필자의 성장을 누구보다 기뻐

해주시고 철부지 아들을 보살피시듯 흔들림 속에서도 스스로를 잃지 않도록 끊임없이 다잡아주시는 김영덕 부천국제판타스틱영화제 프로그램 디렉터님, 세상에서 가장 소중하고 사랑하는 세 식구, 마지막으로 이 책의 실질적 주인인 한국과 일본 두 나라의 출판 노동자 여러분께 이 지면을 빌어 진심 어린 감사의 마음을 전한다.

2023년 6월
홍상현

늠름한 아시아

2023년 7월 24일 초판 1쇄 발행

지은이 　 이토 치히로
옮긴이 　 홍상현

편집 　 조정민 최인희
디자인 　 이경란
인쇄 　 도담프린팅
종이 　 타라유통

펴낸곳 　 나름북스
등록 　 2010.3.16. 제2014-000024호
주소 　 서울시 마포구 월드컵로15길 67, 2층
전화 　 (02)6083-8395
팩스 　 (02)323-8395
이메일 　 narumbooks@gmail.com
홈페이지 　 www.narumbooks.com
페이스북 　 www.facebook.com/narumbooks7

ISBN 979-11-86036-77-8 (03900)
값 17,000원